우리는
왜
페이크에
속는가?

우리는 왜 페이크에 속는가?

진화심리학으로 살펴본
거짓 정보의 모든 것

이시카와 마사토 지음

임세라 옮김

여문책

차례

우선 제 책이 한국어판으로 번역·출간되어 영광입니다. 특히 저의 제자가 이 책을 번역해 감회가 새롭습니다. 번역자는 제가 이 책을 집필할 당시 지도하던 학생이었습니다. 책 곳곳에 그녀와 함께 논의한 내용들이 담겨 있습니다. 한국어판의 빠른 발간도 번역자 덕분입니다.

이 책은 작년에 일본에서 출판되었습니다. 한국어판이 나오기까지 한국과 일본 사회에는 크고 작은 이슈들이 많이 생겼습니다. 그중 가장 주목할 만한 변화는 대화 전문 인공지능인 챗GPT의 등장입니다. 챗GPT의 발전은 사회에 큰 영향을 주고 있고, 이제 챗GPT를 빼놓고는 페이크에 대해 논의할 수 없게 되었습니다. 그래서 간단하게나마 페이크와 챗GPT의 현황과 전망에 대해 이야기해보겠습니다.

저는 현재 일본의 한 대학에서 학생들을 가르치고 있

습니다. 그런데 최근 챗GPT의 등장으로 학생들이 이것을 이용해 작성한 리포트 때문에 성적 평가방법을 재고해야 하는 상황에 직면했습니다. 예를 들어 챗GPT에게 "인생에서 고난을 겪을 때 어떻게 해야 할까?"라고 묻는다면 감정을 받아들여라, 주변에 도움을 청해라, 긍정적인 마인드를 유지해라 등 단숨에 일곱 가지 피드백을 제시해줍니다. 이런 식이라면 학생들은 챗GPT 답변을 이용해 얼마든지 리포트를 작성할 수 있고, 손쉽게 좋은 점수를 받을 수 있습니다. 물론 답변을 그대로 옮긴다면 챗GPT가 "제가 작성했습니다"라고 알려주지만, 내용을 살짝만 바꿔도 "제가 작성했을 확률은 70퍼센트입니다"라고 답합니다. 그렇다고 모든 학생의 리포트를 의심할수는 없기 때문에 저는 리포트 제출이 아닌 학생들의 면학 자세와 학문적 성장을 더욱 직접적으로 확인할 수 있는 새로운 평가방식을 찾아야 합니다.

자칫 챗GPT는 인간보다 우수한 인공지능이라는 생각이 들 수도 있지만, 언어의 미묘한 차이를 인간만큼 이해하지 못하는 치명적인 약점이 있습니다. 챗GPT의 메커니즘은 논문이나 정부간행물, 인터넷에 공개된 대량의 문서 속 일련의 단어를 사전에 조사하고, 다시 문법에 따라 단어를 조합해 문서를 만들어냅니다. '인생에서 고난을 겪을 때'와 같은 간단한 물음은 인터넷 어딘가에 관련 문서가 있을 확률이 높으므로 이를 조합해 적절한 답변을 제시하는 것입니다. 즉, 고도화된 검색기술을 바탕으로 한 유사 대화 시스템입니다.

본문에서도 여러 차례 언급하지만 최근 인터넷상에는 신원을 도용한 사기나 미끼 광고 같은 거짓 정보들이 넘쳐나고 있습니다. 현재의 인공지능 기술은 얼마든지 진짜와 똑같은 가짜를 만들어냅니다. "인터넷에서 만나 사랑에 빠진 상대가 알고 보니 잘생긴 외모를 가진 인공지능 소프트웨어였다!"라는 상상도 결코 먼 미래의 이야기가 아닙니다. 이와 같이 챗GPT가 학생들의 리포트를 대신 쓰는 현상도 페이크를 증폭시키는 원흉입니다.

그러나 반대로 챗GPT는 페이크를 가려내는 역할도 합니다. 가장 유명한 사례로 아폴로 11호의 달 착륙과 관련한 음모론이 있습니다. 아폴로 11호의 음모론은 당시 미국 정부가 소련을 견제하기 위해 달 착륙을 조작했다는 내용입니다. 음모론자들은 나사에서 제공한 아폴로 계획 관련 자료 중 사진 속 성조기가 공기가 없는 달 표면에서 흔들리고 있다는 사실과 기자재 그림자가 여러 방향으로 비친다는 점 등을 지적하며, 아폴로 11호의 달 착륙 장면은 스튜디오에서 촬영된 것이라고 주장하고 있습니다. 저는 챗GPT에게 이런 음모론자들의 지적이 신빙성이 있는지 물어봤습니다. 그러자 챗GPT는 음모론자들의 주장을 부정하는 대답과 함께 그 이유도 설명해주었습니다. 더불어 아폴로 계획 당시 달에 두고 온 레이저 반사경이 지금까지도 지구와 달의 거리 계측에 이용되고 있다는 객관적인 정보까지 알려주었습니다.

이 책 7장에서 자세히 다루지만 가짜 뉴스는 정보 자체만 보면 거짓임을 구별하기 어렵습니다. 하지만 해당 정보의 배경이나 정황들을 모아보면 어느 정도 구분할 수 있습니다. 저는 챗GPT가 가짜 뉴스를 판별하는 데 많은 도움을 줄 것이라고 기대합니다. 챗GPT는 논문처럼 신뢰할 수 있는 정보를 우선적으로 가려내고, 우리는 챗GPT를 통해 가짜 뉴스의 근거가 되는 부가정보들을 손쉽게 얻을 수 있습니다.

이처럼 챗GPT는 우리에게 든든한 아군이 될 수 있습

니다. 이 책을 통해 '연출', '공감', '언어의 양면성', '승인 욕구, '과학에 대한 신뢰', '손실회피', '집단 중심'의 일곱 가지 심리를 알면 미심쩍은 정보를 알아보는 눈이 길러지고, 여기에 챗GPT와 같은 최신 AI기술을 이용해 부가 정보를 모은다면 우리는 좀 더 손쉽게 페이크를 간파할 수 있습니다. 페이크에 속지 않는 사회도 더는 먼 미래의 이야기가 아닙니다.

현대 사회는 페이크 시대에 돌입했다. 요즘은 언론을 비롯해 과장 광고, 정치인들의 가짜 뉴스, 세계 종말과 같은 음모론 등 갖가지 페이크가 난무하고 있다. 민주주의를 증진해야 할 자유로운 정보 매체가 오히려 사회질서를 해치고 있다. 거짓 정보가 세상을 종식시킨다는 지적(인포칼립스[1]는 2016년에 미국의 과학기술자인 아비브 오바디아가 만든 단어로 정보information와 종말apocalypse의 합성어다)도 현실로 다가오고 있다. 현재 우리는 물러설 곳 없는 분기점에 서 있는 것이다.

거짓 정보가 페이크 문제로 비화되는 이유는 우리가 그 거짓 정보를 믿기 때문이다. 우리는 거짓 정보를 믿고 동조할 뿐 아니라 자주 거짓 정보에 선동당하기도 한다. "거짓에 현혹되지 말자", "속임수를 간파하자"라는 말은 흔히 듣지만 거짓 정보에 대응하기란 쉽지 않다.

교묘한 거짓일수록 진실과 흡사해서 믿고 싶어지기 때문이다. 더구나 "거짓 정보일 수도 있으니 일단 의심해보자"라고 하면 대체 무엇을 믿어야 할지 당혹스러워진다. 그렇다면 페이크 시대에 사는 우리는 앞으로 어떤 행보를 취해야 할까?

다행히도 페이크 시대에 적절한 '가이드'가 있다. 그 가이드는 1990년대에 '진화심리학'이라는 이름으로 등장했다. 진화심리학은 인간의 행동이나 심리를 생물 진화의 원리로 설명하는 학문으로 심리학과 뇌과학 등 여러 분야를 기반으로 연구되고 있다. 현재는 행동경제학을 기점으로 사회과학계에서도 활용되고 있다. 덕분에 거짓 정보에 대응하는 방법도 우리의 사정거리 안에 놓이게 되었다.

진화심리학에서 보면 인류는 '협력 잘하는 원숭이'다. 선조들은 200만 년 이상 먹을 것이 부족한 아프리카 초원에서 살았기 때문에 식량을 확보하기 위해 서로 협력할 수밖에 없었다. 이러한 이유로 인류는 동료를 믿고 동조하는 심리 경향으로 진화했고, 현재까지도 우리 삶의 많은 부분에 영향을 끼치고 있다.

초원에서 생활하던 시절에는 협력 집단 안에서 거짓말은 존재하지 않았다고 생각해도 좋다. 해로운 거짓말을 하면 집단에 혼란이 생겨 모두가 곤란해지고, 동료들에게 신뢰를 잃으면 집단에서 쫓겨나 떠도는 신세가 될 수 있었다. 진화심리학의 원리에서 보면 그 시절 인류는 페이크에 대응할 필요가 없었기 때문에 대응법을 몸에 익히지 않았다.

그러나 문명 시대에 이르러 상황이 크게 달라졌다. 동료들에게 신뢰를 잃어도 떠돌이 신세로 전락할 우려는 없어졌다. 오히려 협력으로 생긴 신뢰를 악용하는 페이크가 등장하게 되었다. 타인에게 협조하고 신뢰하는 우리는 페이크를 의심하지 않고 믿어버린다.

최근 미디어의 발달이 이러한 사태에 기름을 부었다. 기존 신문사의 경우 가짜 뉴스가 실리면 신뢰도가 떨어져 매출에 큰 타격을 입었다. 그래서 신문사들은 옛날부터 최대한 가짜 뉴스가 보도되지 않도록 대책을 마련했다. 하지만 애당초 신뢰와 상관없는 정보 미디어에서는 가짜 뉴스가 실려도 '주목을 끌기만 하면 광고수입이 들어오는 구조'가 생겨났다. 이러한 구조가 계속 유지되는 한 거짓 정보의 횡행은 막을 수 없다. 다시 말해 오늘날 우리 사회는 페이크가 만연하기 쉬운 구조인 셈이다.

페이크 문제는 페이크에만 초점을 맞춰서는 해법이 보이지 않는다. 인류가 협력과 신뢰를 소중히 여기는 생명체로서 발전과 상상력과 언어능력을 익히면서 다른 동물들은 이루지 못한 문명을 확립하는 데 성공했다는 점을 주의하자. 그러면 현대 문명이 인간의 생물학적 본성을 충분히 고려하지 않고 무분별하게 확대한 정보 미디어가 페이크 문제의 원흉이라고 할 수 있다. 정보사회의 편리함과 그 이면의 불쾌함이라는 불협화음은 인간 본성과 사회구조의 관계와 비슷하다.

이 책에서는 페이크 문제를 단서로 그 현황을 분석하고 현실적인 대책을 여러 각도에서 강구하고자 한다. 독자들은 이 책을 통해 페이크는 인간 본성에서 유래한 문제임을 깨닫고 스스로 페이크에 대응하는 법을 고찰해보기 바란다.

정보 미디어의 페이크 문제가 해소되려면 다소 시간이 걸리겠지만, 우리가 페이크에 대응할 수 있는 자세를 익히면 적어도 인포칼립스에 이르는 심각한 사태는 피할 수 있다. 더 나아가 정보 미디어로 인류를 구할 수도 있다. 이것이 바로 이 책의 목표다.

1장

겉모습이 만드는 페이크:
누구나 알 수 있는 페이크는 연출된다

정보의 신뢰도는
전달자의 이미지에 좌우된다

상품 광고에는 주로 연예인이나 운동선수와 같은 유명인이 등장한다. 광고 연출은 어떤 상품인지를 소개하는 것보다 누가 추천하는지가 중요하다. 광고에 등장하는 인물의 성실함, 능력, 아름다움, 학력 등이 만들어내는 이미지에 따라 소비자들은 광고 내용을 신뢰하고 상품을 구매한다.

예를 들면 세계 육상 신기록을 세운 선수가 아웃도어용 SUV 자동차를 선전하면, 그 선수가 가진 강인함이 상품에도 투영된다. 이처럼 소비자는 거칠게 즐기는 아웃도어에는 역시 SUV가 최적이라고 생각할 것이다.

하지만 만약 그 선수가 SUV를 운전한 경험이 전혀 없다면 이 같은 상품 홍보 기법은 페이크가 된다. 그러

운동선수의 아웃도어는 SUV로 시작된다.

나 잘 생각해보면 상품 광고의 경우, 유명인이 '자신이 평소 쓰지 않는 상품'을 추천하는 것은 자연스러운 일이라고 할 수 있다.

대부분의 소비자가 광고의 페이크를 인식할 수 있다면, 이것은 거짓이 아니라 '연출'로 간주된다. 유명인에게 이끌려 그들이 추천하는 상품을 사는 것을 '이미지 소비'라고 하며, 이는 소비를 부추기는 기업의 흔한 선전 전략이다.

우리는 유명인의 상품 광고처럼 정보의 신뢰도가 전

달자의 이미지에 따라 좌우된다는 사실을 이미 알고 있다. 그러므로 페이크를 생각할 때 어떠한 영향으로 그 이미지를 갖게 되었는지 거듭 확인해야 한다.

이미지에 따른 신뢰도는 상품 광고보다 정치 분야에서 큰 문제를 일으키고 있다. 투표소에 가면 으레 후보자들의 포스터가 붙어 있다. 유권자는 투표에 앞서 후보자들의 정보를 찾아보지만 그렇지 않은 경우에는 주로 포스터를 보고 후보자를 고른다. 만약 포스터에 후보자의 정책, 실현 가능성, 지금까지의 실적들이 낱낱이 쓰여 있다면 글을 읽고 판단할 테지만, 보통 그런 정보는 적혀 있지 않다. 대부분 얼굴 위주의 사진일 뿐이다. 그 결과, 연예인들의 인기투표와 같이 '이미지 판단'으로 투표가 이루어진다.

그렇다면 왜 포스터에 정책이나 실현 가능성이 자세히 적혀 있지 않은 것일까? 그 이유는 글보다 얼굴 사진이 더 소구력이 높다는 사실을 후보자 스스로가 더 잘 알고 있기 때문이다. 빽빽하게 글씨가 쓰여 있는 포스터와 힘찬 미소로 승리의 자세를 취하고 있는 인물의 포스터를 비교해보면 후자 쪽에 표를 던지고 싶어진다. 그래

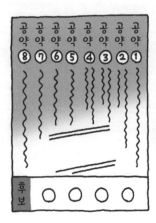

서 입후보에 나서는 후보자는 실력 좋은 전문가에게 의상, 헤어스타일, 표정, 자세까지 조언을 받고 연출한다. 그렇게 찍은 사진 중 '최고의 한 장'을 포스터로 만든다.

본래 정치인은 정책이나 실적으로 당선되어야 한다. 하지만 당선 여부가 이미지 연출로 결정된다면 큰 문제다. 이미지에 좌우되는 시민이 많으면 민주주의 사회는 선동 정치인들에게 통제될 수 있다.

이러한 문제를 예방하기 위해서는 우리의 판단이 얼마나 이미지에 좌우되는지 그리고 왜 그러는지 알아야 한다. 그렇게 되면 우리가 이미지를 바탕으로 한 행동을 언제 해도 되고, 언제 자제해야 하는지 판단할 수 있어 사회 문제가 최소화될 것이다.

동물도 이미지로 판단한다

의외로 아름다움과 강함의 판단은 대부분 유인원 이전 시대에 형성된 감정을 관장하는 부위에서 유래되었다. 이번 장에서는 동물의 특정 행동을 구체적으로 살펴보면서 이미지 판단의 생물학적 기원을 설명하고자 한다.

수사슴은 암사슴을 차지하기 위해 자신의 뿔을 자랑하며 경쟁 상대들과 싸운다. 이러한 행동을 동물행동학에서는 '디스플레이 행동Display Behavior'[2]이라고 부른다. 강한 수컷이 더 많은 암컷을 쟁취하는 것은 포유류 세계에서는 흔한 일이지만 사슴은 뿔을 통해 힘이 디스플레이된 것이다.

예를 들어 북반구에 널리 분포한 붉은 사슴을 관찰해보면, 수사슴끼리 싸울 때 실제로 뿔을 맞대고 싸우

는 경우는 적고 대부분 뿔을 보여주는 것으로 승부가
난다. 실제로 싸우게 되면 양쪽 모두 다칠 위험이 높아
지기 때문이다. 서로 뿔을 보여줌으로써 승부를 가리는
것은 더 많은 붉은 사슴이 살아남는 데 있어서 효과적
인 방법이다.

　붉은 사슴의 뿔이 진화해온 과정은 다음과 같다. 우
선 뿔을 맞대고 싸워 암컷을 쟁취한다. 그러나 뿔이 빈
약한 개체는 싸워도 상처만 입기 때문에 점차 상대의 뿔

을 보고 도망치는 습성이 생겼다. 그 결과, 싸움에 있어 힘보다는 멋진 뿔이 암사슴을 쟁취하는 데 효과적이게 되었다. 멋진 뿔로 싸움에서 승리하는 것은 물론이고 번식에도 유리해져 더 많은 유전자를 남길 가능성이 높아진다(하지만 이러한 진화가 계속되면 실제 싸움에서 불리할 정도의 크고 무거운 뿔로 발달하는 경우도 있다).

일반적으로 크고 무거운 뿔을 가진 수컷이 더 건강하기 때문에 암사슴에게 수사슴의 멋진 뿔은 건강의 지표가 된다. 그래서 일단 멋진 뿔을 선호하는 '판단구조'가 생기면 그 기준에 따라 암사슴은 건강한 수사슴을 골라 교배한다. 이후 암사슴은 건강한 새끼를 낳게 되고, 후손들도 유전적으로 멋진 뿔을 선호하는 경향을 물려받게 된다. 이것이 바로 암사슴이 멋진 뿔의 수사슴을 선호하도록 진화한 이유다.

이처럼 수사슴이 멋진 뿔을 갖고 싶어 진화한 것이 아니라 기계적인 유전 메커니즘에 따라 진화가 일어났다는 사실에 유의해야 한다. 그리고 인간이 봐도 사슴뿔이 멋진 이유는 멋진 것을 선호하는 감정적 판단구조가 포유류 전반에 걸쳐 기계적으로 유전되었기 때문이다.

그렇게 멋진 뿔은 힘과 건강의 상징이 되었다. 그런데 만약 수사슴이 다른 수사슴의 뿔을 자신에게 붙여 자기 뿔로 만드는 지혜가 있다면 어떨까? 아마 멋진 뿔은 더는 힘과 건강의 상징이 아닌 '페이크'로 전락해버릴 것이다. 즉, 힘과 건강의 상징은 몸을 꾸미는 지혜가 없는 범위에서만 유효하다.

아프리카에 많이 서식하는 긴꼬리과부새는 수컷들만 긴 꼬리같이 화려한 꽁지 깃털을 가졌다. 긴꼬리과부새의 경우 수컷들이 꽁지 깃털로 싸우지는 않기 때문에 붉은 사슴의 뿔이 상징하는 힘이 아닌 '아름다움'을 디스플레이했다고 해석할 수 있다.

수컷 긴꼬리과부새는 자신의 세력권에서 여러 암컷과 교배하고 각각 알을 낳게 하는데, 둥지 수에 관한 흥미로운 '페이크 꽁지 깃털 실험'[3]이 있다. 우선 세력권 내에 둥지 수는 꽁지 깃털이 긴 긴꼬리과부새가 많고, 꽁지 깃털이 짧은 긴꼬리과부새는 적다는 사실이 알려져 있었다. 여기에 생물학자 앤더슨이 꽁지 깃털이 짧은 새와 긴 새의 깃털을 자른 다음 바꿔서 붙여보는 실험을 진행했다. 그 결과, 꽁지 깃털이 짧아진 긴꼬리과부새의

둥지 수는 줄었으며, 꽁지 깃털이 길어진 긴꼬리과부새의 둥지 수는 늘어났다. 즉, 암컷은 꽁지 깃털을 단서로 교배 상대를 정했고, 가짜 꽁지 깃털에 속은 것이다.

사실 새는 꽁지 깃털이 길면 그만큼 체중이 늘어나 날기 어려워지므로 생존에 불리하다. 그럼에도 긴 꽁지 깃털이 진화하는 것은 암컷이 길고 화려한 꽁지 깃털을 가진 수컷을 선호하기 때문이다. 암컷의 선호 기준이 종전반에 걸쳐 확산되어 길고 화려한 꽁지 깃털은 건강의 지표가 된다. 비록 긴 꽁지 깃털 때문에 체중이 늘고 잘

날 수 없어도 실제 번식하고 살아가는 데 문제가 없다면 수컷 긴꼬리과부새는 건강할 수밖에 없다. 또한 건강이 안 좋아진다면 꽁지 깃털도 초라해질 것이다.

이러한 이유로 길고 화려한 꽁지 깃털은 아름다움과 건강의 상징이 된다. 긴꼬리과부새의 경우 '아름다움을 선호'하는 판단구조는 암컷에게 한정되어 있지만 새 종류에 따라서 암수 모두에게 나타나는 경우도 있다. 판단 구조는 암수 상관없이 자손에게 유전·계승된다. 마코앵무새의 경우 암컷과 수컷 모두 화려한 깃털을 가진 것으로 알려져 있다.

화려한 깃털을 가진 마코앵무새는 반려동물로 인기가 높다. 이 현상은 새들이 가진 아름다움을 선호하는 판단구조가 인간에게도 있음을 보여준다. 인간도 아름다움을 단서로 반려동물뿐만 아니라 배우자나 업무상의 파트너를 고를 가능성이 높다.

새는 깃털을 꾸밀 수 없지만 인간은 옷으로 자신의 외모를 꾸밀 수 있다. 얼굴의 기미나 주름을 눈에 띄지 않게 화장함으로써 나이를 숨길 수 있다. 하지만 외모를 꾸미는 행위가 당연시되면 인간의 외형적 아름다움은

'건강의 상징'이 되기 어렵고 자칫하면 '페이크'가 될 수도 있다.

실제 우리 사회는 의료기술의 발달 덕에 효과적으로 건강을 관리할 수 있다. 젊고 건강한 선수가 큰 부상을 당해도 뛰어난 의료기술로 얼마든지 회복할 수 있는 시대다. 현대에는 타인의 건강 상태를 외모로 추측하는 일이 현저히 줄어들었다. 동물의 세계에서 '아름다움'은 종 유지에 필수인 '건강함'의 근거가 되고 있는 것에 반해, 오늘날 인류에게 '아름다움'은 단지 오락적인 기준이 되었다.

연예인이 방송에 나올 때 화장하고 꾸미는 것은 당연하게 여겨져 치장하는 행위는 '아름다움의 연출'이며 아무도 페이크라고 생각하지 않는다. 게다가 외모를 쉽게 꾸밀 수 있다면 용모 단정(혹은 매너)이라고 생각될 만큼 가벼운 행위가 된다. 이것이 '리얼'을 가장한 인간의 지혜가 페이크를 야기하고 사회에 정착되면서 일부가 연출로 바뀌게 되는 배경이다.

우리는 강력한 리더에게 끌린다

아름다움은 쉽게 연출할 수 있어 오락으로 생각할 수 있는 반면, 힘에 관한 것은 사회적으로 큰 문제를 일으킨다. 우리는 강한 리더에게 끌리고 쉽게 따르는 경향이 있다. 이러한 현상을 깊이 있게 이해하기 위해 우선 원숭이 집단을 살펴보자.

원숭이는 수십 마리로 구성된 집단에서 생활한다. 집단에는 리더가 존재하고 나머지는 리더의 지휘에 따른다. 리더의 자리에 오르는 것은 힘이 센 수컷이다. 적과 싸울 때 리더가 우렁차게 소리 지르면 같은 집단의 다른 원숭이들도 전의戰意를 높이고 적대심을 드러낸다.

리더 선출 과정과 전투 참가는 모두 수컷을 중심으로 이루어진다. 이러한 현상의 생물학적 이유는 많은 수컷이 죽더라도 살아남은 수컷과 암컷들이 교배하면 종의 유지가 가능하기 때문이다. 이것 역시 기계적인 진화 메커니즘에서 유래했다.

일반적으로 암컷과 수컷은 행동에 있어서 차이를 보인다. 그 이유는 체내에서 분비되는 성호르몬이 다르기 때문이다. 암수가 같은 유전자를 갖고 있어도 성호르몬의 영향으로 유전자 발현에 차이가 생긴다. 전의를 북돋는 행동만 봐도 알 수 있다. 우연의 결과로 성별에 따라 수컷의 전의를 북돋는 것이 생존에 유리하고, 암컷은 전의를 북돋지 않는 것이 생존에 유리해졌다.

이러한 성호르몬에 따른 발현구조의 차이는 자손 번식에도 영향을 준다. 암컷이 죽으면 자손 수에 즉각적으로 영향이 가지만 수컷은 수가 줄어들더라도 당장 자손 수에 큰 영향을 끼치지 않기 때문이다. 지금은 성별에 상관없이 남성호르몬인 테스토스테론의 양이 각 개체의 호전적인 행동을 결정짓는다고 알려져 있다.

원숭이 중에서도 생물종 계통상 인류와 아주 가까운 침팬지는 리더가 되기 위해 안간힘을 다해 싸운다. 싸움을 통해 서로 순위가 매겨지고 최고 자리에 오른 침팬지가 리더가 된다. 지위가 높을수록 손쉽게 암컷과 식량을 확보할 수 있기 때문에 모두 경쟁에 매진한다. 하지만 리더가 된다 해도 안심할 수는 없다. 힘이 약해지거나 나이가 들면 곧바로 리더의 자리를 위협받기 때문이다. 침팬지 사회는 사자 무리와 마찬가지로 '끊임없는 폭력'

을 통해 집단 내 지위가 정당화되는 '안심할 수 없는 사회'인 것이다.

하지만 폭력이 계속된다면 수컷들은 끊임없이 부상을 입게 된다. 그래서 침팬지도 붉은 사슴과 마찬가지로 힘의 디스플레이를 일부 도입했다. 침팬지가 보이는 힘의 디스플레이로는 몸집 과시하기, 송곳니 보이기, 큰소리 내기 등이 있다.

인류도 침팬지와 마찬가지로 폭력을 통해 지배·복종의 상하관계를 만들었다. 단지 문명 사회에서는 폭력을 용인하지 않는 사회적 약속이 존재하기 때문에 웬만해서는 일어나지 않는다. 그래서 오히려 '힘의 디스플레이'가 만연하고, 페이크의 발단이 되고 있다. 예를 들어 경영자로는 덩치가 크거나 목소리가 낮은 사람, 자기주장이 강한 사람이 적합하다는 평가가 있다(물론 그런 일은 있어서는 안 된다). 아마 많은 사람이 이러한 '경영자에 적합한' 이미지를 가진 사람을 그렇지 않은 사람보다 신뢰한 경험을 해본 적이 있을 것이다.

(칼럼 1) 남성의 목소리는 왜 낮을까?

변성기에 주로 남성들의 목소리가 낮게 바뀌는데 왜 그럴까? 과거에 목소리를 낮춰 자신을 크게 보이도록 하는 행위가 지위 향상에 유리하게 작용했기 때문에 목소리가 바뀌도록 진화한 것이다.

목소리는 신체의 공명共鳴을 통해 나오는데 몸집이 큰 동물일수록 고함 소리가 낮은 경향이 있다. 오랫동안 포식동물의 위협에 노출되어온 인류는 멀리서 들려오는 낮게 으르렁거리는 소리에도 쉽게 동요하도록 진화했다. 낮은 소리를 단서로 맹수의 위치를 추측했기 때문이다.

하지만 어느 날 이러한 현상을 역으로 이용하는 페이크가 진화했다. 스스로 낮은 목소리를 낼 수 있는 개체가 태어났다. 낮게 으르렁거리는 소리를 들은 맹수들은 싸우기도 전에 겁에 질려 도망갔고, 멀리 사냥에 나간 남성은 낮은 목소리 덕분에 목숨을 지킬 수 있었다. 이러한 경험이 축적되어 실제 몸집 이상으로 낮은 목소리를 내는 개체가 늘어났다.

게다가 이렇게 익힌 낮은 목소리는 '힘의 디스플레이'

로 활용할 수 있어 집단에서 높은 지위를 목표로 하는 남성에게 유리하게 작용되었다. 그 결과, 낮은 소리로 다른 개체를 압도하는 수법이 오늘날까지 전해진 것이다. 하지만 문명 사회에서 폭력을 기반으로 한 조직은 감소하고 있어 이런 페이크도 점점 필요성이 줄어든다.

목소리가 변하는 유전자는 여성도 가지고 있지만 성호르몬의 작용으로 발현되지 않는 것 같다. 여성에게 목소리 변화는 단점으로 작용할 수 있는데, 가장 대표적인 예로 육아에 끼치는 영향을 들 수 있다. 영유아는 힘이 약해 맹수나 포식자를 무서워하는 특성을 갖고 있다. 그래서 낮은 목소리를 경계하는 경향이 강해 엄마 목소리가 저음일 경우 육아에 문제가 생길 수도 있다.

한 실험에서는 남성의 경우 가성을 이용해 높은 어조로 말을 거는 것이 아이의 반응에 좋다는 사실이 증명되었다. 나는 최근에 어떤 아빠가 목소리를 바꿔가며 아이를 달래는 모습을 목격했다. '육아남'들은 이런 노하우를 무의식중에 익히고 있다. 우리 인간은 스스로를 환경에 맞추어 바꿀 수 있는 '특별한 동물'이다.

이쯤에서 우리가 주목해야 할 것이 있다. '힘의 디스플레이'가 페이크 문제로 발전하기 쉬운 또 다른 직업은 바

로 정치인이다. 회사 경영자의 경우, 처음에는 힘의 디스
플레이 행동이 통할 수는 있어도 능력이 좋지 않으면 자
연스레 직원들이 신뢰를 잃게 된다. 직원들은 업무 지시
에는 따르더라도 솔선수범해서 일하지는 않는다. 그런데
정치인의 경우 유권자와 일상적으로 접하지 않아 '힘의
디스플레이'가 유효하게 작용하기 십상이다.

게다가 정치인은 직업 특성상 대체로 거짓말을 일삼기
쉽다. 예를 들어 강이 흐르는 A구역과 B구역의 유권자가
각각 자신의 구역에 다리를 건설해달라고 요청한다면 정
치인은 양쪽 유권자에게 다리를 건설해주겠다고 약속한
다. 설령 두 곳에 다리를 건설하는 것은 어렵더라도 의연
한 태도로 대응해야 한다. 솔직하게 말하면 지지자가 줄
어들기 때문이다. 추후에 A구역에만 다리를 건설하게 되
면, B구역 유권자들에게는 최선을 다했으나 역부족이었다
고 사과하면 된다.

이러한 상황에 놓인 정치인의 발언에는 많은 페이크가
잠재되어 있다는 것을 추측할 수 있다. 정치인들은 유권
자들이 페이크를 눈치채지 못하도록 '힘의 디스플레이'를
상용화하고, 때로는 명백한 거짓말을 당당하게 한다. 지지
하는 정치인의 발언이라면 그대로 믿어버리는 유권자들

의 잘못도 있기 때문에 정치 분야의 페이크 문제는 뿌리
가 깊다.

능숙한 거짓말은 꿰뚫어볼 수 없다

정치인들이 "아마 정책 실현이 힘들 것 같다"라고 생각
하면서도 "맡겨만 주세요!"라고 호언장담하는 것은 거
짓말에 속한다. 우리는 정치인의 입에 발린 소리에 속지
않기 위해서 충분히 경계해야 한다. 하지만 우리는 타인
이 하는 거짓말을 얼마나 간파할 수 있을까?

일본에서 한때 멘털리스트가 주목을 끌었다. 멘털리
스트란 심리학을 구사해 타인의 마음을 읽는 '달인'으로
여겨졌다. 그 무렵에는 내 수업에도 멘털리스트가 되고
싶다며 들어오는 학생이 적지 않았다. 그러나 멘털리스
트는 초능력을 연출하는 마술사를 지칭하는 말이다.

미국에는 멘털리스트 협회라고 해서 '초능력 마술사'

가 모이는 단체가 있다. 마술을 하려면 관중의 심리를 잘 알아야 하기 때문에 대체로 심리학에 조예가 깊은 마술사들이 이 단체에 소속되어 있다. 나는 미국에 체류하는 동안 멘털리스트 협회 멤버이자 저명한 사회심리학자인 대릴 벰Daryl Bem[4]과 함께 며칠을 보낼 기회가 있었다. 그는 나에게 초능력(멘털) 마술도 보여줬는데 꽤 훌륭했다. 멘털리스트가 사람의 마음을 읽을 줄 안다고 해도 사실 그 배후에는 교묘한 속임수가 있다.

실제로 타인의 마음을 읽는 어려움은 심리학의 '거짓말 간파 실험'에서 판명되었다. 이 실험에서 남들이 거짓말을 하는 모습과 진실을 말하는 모습을 차례로 보여준 후 각각 무엇이 진실이고 거짓인지 판가름하게 한다. 선택지는 두 개뿐이기 때문에 아무거나 찍어도 정답을 맞힐 확률은 50퍼센트지만, 실험 결과 정답률은 절반보다 조금 높은 정도에 불과했다. 2006년에 본드Charles F. Bond와 데파울로Bella M. DePaulo[5]가 여러 실험을 통해 분석해낸 결과, 전체 정답률은 54퍼센트였다.

일반적으로 사람은 거짓말을 할 때 혀를 조금 내민다든가 하는 특정 움직임을 보인다. 멘털리스트는 이런 작은 움직임을 단서로 거짓말임을 눈치채지만, 그렇다고 해도 정답률은 그다지 높지 않다. 그래서 실패했을 때, "아무리 뛰어난 멘털리스트도 신은 아닙니다"라거나 "당신은 연기에 소질이 있다"라고 변명한다. 만약 방송 프로그램이라면 실패 장면은 굳이 방영하지 않으면 그만이다.

한편 거짓말을 할 때 '특정 움직임'도 스스로 자각할 수만 있다면 훈련을 통해 움직임을 억제하거나 위장할 수 있다. 다시 말하자면 숙련된 거짓말쟁이는 거짓말을 간파당할 일이 거의 없다.

멘털리스트가 되고 싶다던 그 학생은 거짓말을 간파할 수 없다는 사실을 알고 낙담했다(실은 안심했을지도 모르지만). 그럴 때 나는 모든 거짓말을 알아차리는 것이 과연 좋을지 생각해보자고 지도한다. 만약 정치인이 발언할 때마다 일일이 누군가 "지금 발언은 거짓말이 85퍼센트다!"라고 말한다면 아무도 정치인이 되고 싶지 않을 것이다. 그 학생은 잠시 생각해보더니 이내 납득한 표정을 지었다.

나는 학생들의 속마음을 몰라 다행이라고 생각한다.

학생들의 사소한 속마음까지 일일이 알게 되면 강의를 진행할 수 없고, 교수직을 계속하고 싶지 않을 수도 있을 것 같다. 나는 그 학생의 납득하는 표정을 믿고 더는 의심하지 않기로 했다.

(칼럼 2) 사이코패스는 정치인 체질?

미국의 45대 대통령 도널드 트럼프는 여러 차례 거짓말이 발각돼 사이코패스라고 의심받을 정도였다. 취임 기간에 확인된 거짓말(물론 잘못도 포함)이 수천 개에 이른다. 연설회의 참석 인원을 몇 배로 불려 이야기하는 등 확인하면 곧바로 알 수 있는 거짓말도 많았다. 트위터에는 거짓 정보를 남겨 '가짜 뉴스의 발생지'라고 지적받기도 했다. 신문이 "트럼프의 발언은 잘못되었다"라고 보도하면, 트럼프는 기사 자체가 '가짜 뉴스'라고 비판했다.

트럼프가 실제 사이코패스는 아닐지언정 그의 사이코패스 같은 언동이 눈에 띈 것은 사실이다. 사이코패스를 간략하게 설명하면 사람을 지배하려는 경향이 강하고 공포를 느끼는 감정이 약한 사람이다. 옛날에는 사이코패스라고 하면 흉악한 살인범을 연상했지만, 최근 연구에서는 폭력성이 배제되었다(사이코패스의 폭력성을 배제하고 연구하는 학자로는 케빈 더튼Kevin Dutton[6]이 있다).

통상 동물들은 자신에게 위험이 닥치면 공포를 느끼고 위험한 상황을 피하려 한다. 그래서 보통 사람들은 자기 주장에 근거가 부족하면 거짓말이라는 의심을 살 수도 있겠다고 우려해 조심스럽게 발언한다. 한편 사이코패스는 위험하다는 생각을 하지 않기 때문에 당당하게 발언한다. 뇌과학에서는 편도체가 공포 감정을 담당한다고 알려져 있다. 따라서 사이코패스는 편도체의 기능이 약한 사람으로 본다.

일반적인 생물은 공포 감정이 약하면 위험한 일에 노출되기 쉬우므로 생존상 불리하다. 그래서 인간을 포함한 많은 생물은 기본적으로 '겁이 많은 존재'다. 특히 인간은 위험을 예측하는 상상력까지 있어 미래에 대한 불안이 크다.

그런데 사람들의 불안이 심해지는 환경은 오히려 사이코패스가 활약하는 장소가 된다. 실패에 굴하지 않는 사이코패스는 앞으로 일어날 일에 대해 불안해하지 않는다. 그래서 쉽게 단언할 수 있다. 불안감을 안고 사는 사람은 자기주장이 강한 사람을 소신이 있다고 생각해 '자신감 있는 사람'을 신뢰하고 장래를 맡긴다. 이러한 이점이 있기 때문에 생존상 불리한 사이코패스가 다른 동물 세계보다 인간 사회에서 늘고 있다.

게다가 오늘날의 생활 환경에서는 위험요소가 줄어들었다. 안전한 사회에서는 공포를 잘 느끼지 않는 사람이 활약할 가능성이 높다. 특히 '칠전팔기', '실패에 굴하지 않는 태도'가 중시되는 비즈니스 세계에서는 공포를 잘 느끼는 것이 불리하게 작용한다. 다시 말해 현대 사회는 사이코패스가 활약할 가능성이 높다.

이미 눈치챘을 수도 있지만 정치인은 사이코패스에게 적합한 직업이 되어가고 있다. 정치인이 다른 사람을 지배할 수 있는 권력을 가진다면, 사이코패스에게는 충분한 동기부여가 될 수 있다. 또한 사이코패스는 스스로를 강한 존재로 보이는 데 능숙하기 때문에 매력적인 인물로 느끼기 쉽다.

예부터 강력한 힘은 집단을 다스리는 데 효과적이지만, 민주주의 사회에서는 그것을 훼손시키기도 한다. 현대 사회에서 지배·복종 관계는 줄어들었지만 '힘의 디스플레이'라는 형태로 남아 있다. 정치인이라는 직업의 형태도 재고되어야 할 필요가 있다.

거짓말 탐지기는 거짓말을 탐지하지 못한다?

거짓말을 간파해내는 데 능숙한 사람으로 형사를 들수 있다. 형사는 서스펜스 드라마에서 용의자의 거짓말을 꿰뚫어보고 자백을 받아내는 역할로 자주 등장한다. 그러나 앞에서 언급한 거짓말 실험을 통해 현실은 다르다는 것을 알 수 있다. 만약 자신이 거짓말을 꿰뚫어본다고 공언하는 형사가 있다면 꿰뚫어봤을 때의 경험이 뇌에 각인되어(5장의 확증 편향 참고) 그렇게 생각하는 것이다.

만약 조사에서 진범을 감싸느라 거짓으로 자백한 사람이 재판에서 유죄판결을 받는다면 어떨까? 형사는 거짓말을 간파했다고 생각하겠지만 실제로는 형사가 자백한 사람의 거짓말에 감쪽같이 속은 셈이다. 이런 경우 진실은 미궁 속으로 빠지게 된다.

인간이 거짓말을 꿰뚫어볼 수 없다면 기계에 맡기는 것은 어떨까? 아마 독자 대부분이 거짓말 탐지기[7]라는 기계를 떠올릴 것이다. 하지만 거짓말 탐지기는 '거짓말을 발견하는 기계'가 아니다.

일명 거짓말 탐지기라고 불리는 기계는 폴리그래프라는 기술로 용의자의 심장박동, 호흡, 피부의 전기반사 등 복수(폴리)의 생리지표를 계속해서 측정하고 그래프로 나타낸다. 보통 '위험하다'는 생각이 들면 심박수가 오르거나 손에 땀을 쥐는 상태가 되어 피부의 전기반사가 잘 일어나는데, 이런 순간의 그래프 변화로 심증을 유추할 수 있다.

그러나 실제로 조사 과정에서 쓰이는 폴리그래프는 거짓말을 꿰뚫어보는 용도가 아니라 주로 '기억을 발견'하는 용도로 활용된다. 거짓말을 할 때 두근거림은 개인차가 크고, 그중에는 거짓말을 진실이라고 생각하는 용의자도 있으므로 거짓말로 단정 짓기엔 석연찮은 구석이 많기 때문이다. 그래서 기억을 발견하는 용도로 활용되고 있는 것이다. 기억을 발견해나가는 과정은 다음과 같다.

예를 들어 살인사건에 쓰인 도구가 가위였다고 하자. 용의자에게 일반적으로 살인에 자주 쓰이는 도구인 식칼, 망치, 가위, 톱, 밧줄을 차례대로 보여주고 반응을 살핀다. 만약 가위를 봤을 때만 폴리그래프가 크게 반응했다면 살해도구가 가위라는 것을 용의자가 알고 있다고 추정할 수 있다.

만약 가해자만 살해도구를 알 수 있는 상황이라면 유력한 용의자로 의심받게 된다. 그러나 우연히 사건을 본 목격자나 범인을 감싸는 사람이라면 '알 수 없는 사실'을 알고 있기 때문에 조사 과정에서 폴리그래프가 반응할 수 있다.

한편 사이코패스 같은 사람은 범인이어도 딱히 위험하다고 생각하지 않기 때문에 폴리그래프 검사를 통해 식별해내기는 어렵다. 이와 같이 폴리그래프 검사에는 큰 한계가 있어 실제 조사 현장에서도 그다지 많이 쓰이지는 않는다.

정보 출처만 확인하면 그만?

이번 장에서는 '외모가 만드는 페이크'에 대해 이야기했다. 동물의 세계에서는 겉모습이 중요한 의의를 갖지만 인간의 세계에서는 겉모습을 얼마든지 꾸밀 수 있다. 누구나 손쉽게 겉모습을 가장假裝할 수 있다면 이것은 페이크가 아닌 연출이 된다. 현재 패션과 메이크업을 이용한 자기표현은 하나의 문화로 자리 잡았다.

그런데 아직까지도 일부 조직에는 지배·복종 관계인 '힘의 디스플레이'가 남아 있다. 상사의 협박에 부하직원이 겁먹고 따른다면, 이것은 갑질에 해당한다. 협박은 고용계약에 명시되지 않은 권력을 가장하는 페이크임에도 부하직원은 공포 감정을 느껴 위압 효과가 생겨난다.

현대 사회는 아직도 정치인을 포함해 연출이라고 웃어넘길 수 없는 페이크가 만연해 있다. 겉모습을 가장하는 페이크에 현혹되지 않기 위해서는 먼저 '겉모습이 만들어내는 거짓 신뢰에 속지 않는 자세'가 필요하다.

우리는 "함부로 정보를 믿지 말고, 우선 정보의 출처

를 확인하라"라는 말을 종종 듣는다. 그러나 출처가 '신뢰할 수 있는 전문가 혹은 정치인'이라면, "출처를 확인했으니까 괜찮다"라고 생각할 수 있다. 우리가 갖고 있는 '신뢰'가 '항상 흰옷을 입고 있는' 전문가라서 혹은 '낮고 차분한 목소리'를 가진 정치인이기 때문에 생긴 것이라면 출처 확인은 결코 도움이 되지 않는다.

다시 말해 정보 출처를 신뢰할 수 있다면 자신이 생각하는 '신뢰'가 어디에서 유래되었는지를 거듭 확인해야 한다. 만약 그것이 어떠한 디스플레이에서 유래된 것이라면 더욱더 꼼꼼하게 확인하고 조심해야 한다.

페이크 간파는 꽤 어려운 일이다. 하지만 우리가 주로 언제 페이크에 속는지를 안다면 식별할 수 있다. 다음 장에서는 그 비결을 살펴보자.

가령 형사라도 꿰뚫어보기 어렵다고 여긴 사건을 거짓말 탐지기라면 해결할 수 있다고 생각하는 것은 '거짓말 탐지기'라는 단어에 각인되었기 때문이다.

실제로는 인공지능 기술을 가진 기계라도 기본적인 지식이나 테크닉은 인간이 주입시킨다. 그래서 기계마다 신뢰도는 천차만별이다. 기계의 기술적 부분은 모르더라도 누가, 어떠한 목적을 가지고 기계를 만들었는지 알아보면 신뢰해도 괜찮은 기계인지 구분할 수 있다(칼럼 10 참고).

이번 장을 통해 조금이나마 페이크에 대한 대응책이 생겼기를, 나아가 이 책을 다 읽고 나면 더는 거짓 정보에 속거나 현혹되는 일이 없기를 바란다.

2장

공감에 호소하는 페이크:
우리가 타인을 믿는 이유

공감은 매력으로 다가온다

상품 광고는 이용자의 체험을 싣는 경우가 많다. 일반적으로 광고는 충분한 근거 없이 상품의 효과를 표시해서는 안 된다. 이 규칙을 어기면 허위광고로 간주되어 (한국의 경우) 상품에 따라 한국소비자원, 식품의약품안전처, 공정거래위원회 등에 적발된다. 하지만 개인 의견이라면 언론의 자유라는 명목하에 용인되는 경향이 있다. 판매업자는 "이 운동기구만 있으면 식단 조절을 하지 않아도 저절로 살이 빠집니다!"라고 광고하고 싶어도, 실제 실험 데이터가 없을 경우에는 명백한 거짓말이 되기 때문에 '개인 의견'이라는 작전을 펼친다. '개인 소비자'의 사진과 함께 큰 글씨로 "나는 ○○로 살이 빠졌다"라고 표시한 후, 구석에 작은 글씨로 "개인적인 의견이므로 상품 효과를 나타내는 것은 아닙니다"라고 표시한다.

구석에 깨알 같은 글씨로 표시된 문구들은 광고의 주장을 적절히 한정시키고 보호해주는 역할을 한다. '개인 의견'이라고 표기하면 정당한 상품 광고가 될 수 있는데도 광고주들은 이러한 표시를 최대한 작게 실어 소비자들이 잘 인식하지 못하게 한다. 이것은 소비자에게 상품의 장점만 확대 해석시키려는 페이크다.

일본에도 부당 표시 광고들이 많다. 2017년 일본소비자청은 소비자가 어느 정도 '부당 표시 광고'를 인식하고 있는지 조사했는데, 예상대로 많은 소비자가 그 사실을 눈치채지 못하고 상품을 구입했다. 그런데 여기서 놀라운 점은 부당 표시 광고를 눈치채지 못한 구매자들에게 그 내용을 전달했는데도 구매를 취소한 소비자는 극소수에 그쳤다는 사실이다. 이 조사 결과는 비록 개인 의견이라 하더라도, 소비자가 그 의견에 공감하고 효과를 기대한다는 것을 나타낸다.

광고에 '일반인'을 출연시키는 것도 유명인을 출연시키는 것처럼 '연출'에 해당한다. 실제로 배우 소속사에서 '일반인' 이미지에 맞는 배우를 찾아 광고를 촬영하고, 광고 회사에서 '개인 의견'을 작성한다.

'부당 표시 광고' 조사 결과를 놓고 생각해보면, 소비자가 광고의 이면을 알더라도 공감을 기초로 한 기대 심리가 더 강하다는 사실을 알 수 있다. 2장에서는 공감과 동조에 기인해 타인의 말을 믿게 되는 심리에 대해 살펴보자.

이번에는 공감에 호소한 행동으로 문제화되고 있는 또 다른 사례를 소개한다. 최근 슈퍼마켓에서도 자주 볼 수 있게 된 '농부 얼굴이 보이는 채소'다. 채소 포장지에 "저희가 정성을 다해 기른 채소를 드세요!"라는 문구와 농부들의 웃는 얼굴이나 수확하는 모습의 사진이 담겨 있어 구매 욕구를 높인다.

농부들의 사진으로 상품에 부가가치를 더하는 것은 대단한 판매 전략이다. "이 사람 밭에서 재배한 채소는 무조건 맛있어", "조금 상처 나 있는 게 오히려 안심돼"라고 여기는 소비자들의 지지를 얻어 매출을 올린 것이다. 이것은 '생산자에 대한 공감'에 따라 발생한 소비다.

"저희가 정성을 다해 기른 채소를 드세요!"

그러나 2008년 일본에서 죽순 포장지에 인쇄된 '농부'의 사진이 농부가 아닌 가공 공장 직원의 사진이라는 사실이 밝혀져 세간에 충격을 안겨주었다(JAS법* 위반). 그 업체는 중국산 죽순을 수입해 일본에서 가공한 후 마치 일본에서 재배한 것처럼 위장 판매했다. 나는 이것은 빙산의 일각에 불과하고, 실제로는 더 많은 페이크가 도사리고 있는 것은 아닐까 하는 의심이 들었다. '공감'에 의거한 소비가 무분별하게 확산되면 페이크가 판쳐 그 피해가 다시 소비자 몫으로 돌아온다.

하지만 낙담하기엔 이르다. 정보화 사회에 살고 있는 우리는 정보를 통해 상당수의 페이크를 예방할 수 있다. 예를 들어 포장지에 농부 사진과 함께 QR코드를 넣어 소비자가 농장의 운영지침이나 농부의 생각, 농장의 모습을 동영상으로 확인할 수 있게 한다든가 소비자와 생산자가 직접적으로 대화할 수 있는 시스템을 구축하는 방법도 있다. 다소 번거롭더라도 생산자와 충분한 커뮤

* 농림물질의 규격화와 품질표시 적정화에 관한 법률을 가리킨다─옮긴이.

니케이션을 한 후 채소를 산다면, 올바른 공감에 의거한 타당한 소비이며, 페이크가 끼어들 여지는 줄어든다.

정보기술의 발전은 공감에 호소하는 페이크를 늘리는 역할을 하는 한편 예방하는 역할도 할 수 있다. 페이크에 대항하는 기술을 익히기 위해서는 공감이 '어떠한 특징을 가진 심리'인지를 파악하고, 정보를 적절하게 이용하도록 주의를 기울여야 한다.

속고 속이는 관계에서 신뢰의 관계로

공감의 유래를 찾기 위해 다시 동물 이야기로 돌아가자. 앞에서 붉은 사슴이나 긴꼬리과부새의 디스플레이 행동 사례로 동물이 가짜 디스플레이 행동을 할 지혜가 없는 한 디스플레이 행동은 건강의 지표가 된다고 설명했다. 그러나 특정 동물들은 상대에 따라 행동을 바꾸는 지혜가 있어 서로를 '속고 속이는' 상황이 일어난다.

돼지의 경우, 자신보다 강한 개체가 먹이 근처에 있으면 일부러 먹이가 없는 방향으로 걷는다. 자신보다 힘이 센 돼지가 먹이를 발견하면 뺏길 가능성이 있기 때문에 일부러 먹이가 없는 곳으로 유도하려는 목적이다. 상대를 속이려는 의도에서 비롯된 거짓 행동이다.

까마귀는 먹이를 발견하면 우선 숨기고, 다른 개체가 사라진 뒤 다시 그 장소로 이동하는 모습이 관찰되었다. 이와 관련된 한 실험에서는 까마귀를 상자에 가두고 다른 까마귀가 먹이를 숨기는 모습을 보여주었다. 그 후 상자에 갇혀 있던 까마귀를 풀어주자, 음식을 숨긴 까마귀는 다른 까마귀가 먹이 근처에 접근해도 '신경 쓰지 않는 척'을 하는 반면, 상자 안에서 먹이를 숨기는 것을 본 까마귀가 먹이 근처로 접근하면 공격했다. 이러한 실험을 통해 까마귀는 개체를 식별하고, 상대의 지식을 추측하며, 태도를 바꾸는 높은 지능을 가졌다는 것이 밝혀졌다.

생물의 생존 경쟁에서는 '강한 것이 살아남는다'는 논리로 체격이나 근육이 강조되기 쉽지만, 경쟁자를 이기는 지능도 중요하다. 다른 개체를 잘 속일 수 있는 개체가 생존 경쟁에서 더 많이 살아남을 수 있고, 속이는 기술은 점점 진화하게 된다.

동물들끼리 서로 속이는 일이 많아지면 결국 다른 개체의 말(동물은 말을 할 수 없기 때문에 행동으로 생각하는 것이 적절하다)을 믿지 않게 될 것이다. 어떤 동물이 다른 개체에게 저 멀리 먹이가 있다고 거짓으로 알려줄 경우 분명 먹이가 없을 테니까 다른 개체의 말을 믿는 것은 '바보'로 보일 뿐이다.

그렇다면 동물에 속하는 인간은 왜 타인의 말을 믿게 되었을까? 또 어쩌다 타인의 말에 공감하게 된 것일까? 이러한 인지구조는 수렵채집 사회의 생활 환경에 따라 '우연히 진화한 결과'다.

수렵채집 사회는 약 300만 년 전부터 1만 년 전까지, 주로 아프리카에서 나타난 생활 형태다. 수렵채집 시대 전 영장류의 조상인 원숭이는 아프리카 숲에서 살았다. 나무 위를 건너다니다가 열매나 곤충을 발견하면 먹는 자유분방한 생활을 했다. 그러나 전 지구적인 기후변화로 한랭화가 일어나자 대기 중 수분이 줄고 내륙은 건조해지면서 숲이 축소되었다. 숲에서 쫓겨난 이들은 상대적으로 식량을 구하기 어려운 사바나에서 생활할 수밖에 없었다. 이것이 수렵채집 사회의 시작이다.

사바나에서는 먹이를 찾아서 한참을 걸어다녀야 했다. 이 과정에서 인류의 조상은 직립보행이 가능해지고, 호모 사피엔스를 포함한 '넓은 의미의 사람'(사람속)으로 진화하게 된다. 직립보행을 할 수 있는 새로운 동물이 탄생한 것이다.

앞에서 언급한 수렵채집 사회는 건조화로 먹을 수 있는 식물이 줄어들었기 때문에 나무의 열매나 뿌리를 '관리'할 필요가 있었다. 닥치는 대로 먹어치우면 나중에 식량을 충분히 얻지 못할 수 있기 때문이었다. 이러한 이유로 인류는 모두가 식물을 관리하고, 적절한 시기에 채집하는 '협력의 지혜'를 익히게 되었다.

사바나에 서식하는 다양한 동물을 사냥할 때도 협력의 지혜가 필요했다. 인간의 신체능력은 다른 동물에 비해 약하기 때문에 혼자서 큰 동물을 감당하는 것은 역부족이다. 그래서 선조들은 집단 사냥을 고안해냈다. 사냥감을 쫓는 사람, 매복하는 사람, 공격하는 사람 등 역할을 나누다 보면 사냥에 성공할 가능성이 높아진다.

수렵채집 사회에서 협력 생활을 유지할 수 있었던 비결은 '공평한 식량 분배'다. 예를 들어 덩치가 큰 동물을 사냥하면 어차피 혼자서 다 먹지 못하기 때문에(당시에는 식량을 보존할 지혜도 없었다.) 집단 모두와 나누어 먹는 게 효율적이다. 식량을 나누면 일부 그룹이 사냥에 실패하더라도 굶지 않을 수 있다.

협력 집단에서는 주변 사람들과 함께 행동할 때 이점이 커진다. 여럿이 함께 사냥을 나가고, 함께 열매를 따러 가는 등의 동조 행동을 취하는 것이 집단에 협력하는 일이며, 협력의 성과로 식량을 얻어 생활을 유지할 수 있었다. 그 결과, 이른바 '정이 있는 협력 집단'이 구축되었다.

참고로 수렵채집 시대의 협력 집단은 50~100명 정도로 구성되었으며 구할 수 있는 식량의 양에 따라 인원수가 늘어나거나 줄어들었다. 진화심리학자 로빈 던바 Robin Dunbar[8]의 분석에 따르면, 최대 150명이었을 것으로 추정된다(던바는 SNS상의 집단 형성도 비슷한 규모를 보인다고 지적했다). 그 이상 인원수가 늘어나면 집단은 함께 살지 못하고, 일부는 '식량이 풍부한 새로운 곳'을 찾아 이주했을 것이다.

협력 집단은 '일련탁생一蓮托生'(결과와 상관없이 행동이나 운명을 같이함)이다. 혼자서 식량을 독차지하는 일은 용납되지 않으며 모두에게 알릴 의무가 있었다. 서로 사냥법을 공유하면 사냥에 나가지 않아도 다른 사람이 사냥한 식량을 얻을 수 있었다. 모두가 집단을 위해 일하고 집단과 운명을 함께한다.

인류는 다른 동물과 달리 협력 집단을 결성함으로써 주변 사람과의 신뢰가 생존에 유리하게 되었다. 주위 사람에게 거짓말을 하면 집단에 혼란을 야기해 자신의 생존에도 영향을 미친다. 이것이 동물처럼 속고 속이는 관계가 신뢰의 관계로 전환된 계기다. 인간은 타인에게 들은 정보를 의심하기보다 서로를 믿고 팀워크 향상이 효율적인 협력 집단에서 200만 년 이상 생활해왔다. 그래서 우리에게는 정보를 믿는 태도가 뿌리 깊게 새겨졌다.

그 결과, 우리는 '진실 편향truth-bias'을 갖게 되었다. 진실 편향이란 타인에게 들은 이야기를 우선 진실이라고 생각하는 경향이다. 2006년 본드와 데파울로(1장 참고)의 거짓과 진실을 반반 섞은 후 질문하는 실험에서 피험자들은 평균적으로 57퍼센트 정도 진실이라고 대답했다. 인간은 진실을 거짓이라고 의심하기보다 거짓을 진실이라고 생각하는 경우가 더 많다.

공감을 지탱하는 거울뉴런

역사적 경위를 알았으니 본격적으로 공감에 대해 생각해보자. 공감이란 다른 사람의 감정·사고·행동 등을 자신의 일처럼 인지하는 뇌의 작용이다. 이탈리아 뇌과학자 자코모 리촐라티Giacomo Rizzolatti[9]가 거울뉴런으로 불리는 신경세포(뉴런)를 발견하고 공감에 대한 연구를 가속화했다. 이 거울뉴런을 발견한 경위가 매우 인상 깊다.

리촐라티와 연구원들은 원숭이의 뇌에 전극을 붙여 다양한 행동에 따라 어떤 신경세포가 흥분하는지 조사했다. 평소와 같이 원숭이들에게 먹이를 주고 관찰하던 어느 날, 연구진들이 우연히 원숭이 우리 앞에서 식사를 하게 되었는데, 그때 갑자기 원숭이들의 신경세포 측정기가 반응했다. 거울뉴런을 발견한 순간이다.

그들이 발견한 거울뉴런은 식사 행위와 관련된 것이다. 일반적으로 식사 때 반응하던 일부 신경세포가 다른 사람이 먹는 모습만 봐도 마치 자신이 식사하는 것처럼 반응을 한 것이다. 또 추후의 연구를 통해 이 신경세포의 반응은 단순히 컵이나 그릇을 드는 행동에는 반응하지 않는 것으로 밝혀졌다. 빈 컵을 드는 행동으로는 자극받지 않고, 음식이 들어 있는 그릇이나 컵을 들 때만 반응한다.

거울뉴런은 마치 '거울'처럼 다른 사람의 행동이 자신의 행동처럼 느껴져 다른 사람의 상태를 빠르게 감지하는 데 도움을 준다. 예를 들어 원숭이의 경우 다른 개체가 먹이를 먹고 있는 모습을 보면 자신이 먹이를 먹을 때와 비슷한 뇌 활동이 일어나면서 "먹음직스럽다. 뺏을 수 없을까?"와 같은 생각이 든다. 이러한 경우는 싸움의 원인이 되므로 도저히 우리가 생각하는 '공감'이라고 말하기 어렵다. 하지만 인간의 경우 거울뉴런은 협력을 촉진하는 역할로 발전했다.

인간의 다양한 감정과 동조 행동에도 각각 거울뉴런이 발견되면서 공감능력에 거울뉴런이 큰 영향을 준다고 알려졌다. 예를 들어 우는 사람의 모습을 생각해보자. 우리는 타인의 슬픔을 직접적으로 느끼지 못한다. 하지만 이전에 슬퍼서 운 경험이 있다면, 다른 사람이 우는 모습을 보는 것만으로도 거울뉴런이 반응한다. 거울뉴런이 흥분하면 자신이 슬퍼했을 때처럼 감정이 재현된다. 이런 감정은 가까운 관계에서 극대화된다. 그래서 우리는 가족이나 친구들이 곤경에 빠지거나 슬픈 일을 겪으면, 어떻게든 도와주려 하고 위로하려고 노력한다.

이것이 바로 슬픔의 공감이자 협력 집단의 결속을 강화하는 감정이다.

(칼럼 3) 침팬지는 손짓을 모른다

우리는 주위 사람에게 물건을 집어달라고 부탁할 때 손가락으로 그 물건을 가리킨다. 부탁받은 사람은 손짓을 보고 상대방이 무엇을 원하는지를 이해하고 도와준다. 사실 이런 손짓을 이해하기 위해서는 고도의 인지능력이 필요하다. 상대방이 가리킨 곳에 있는 물건 중 자신이 잡을 수 있으면서 상대방이 원하는 물건을 추정할 수 있어야 하기 때문이다.

인간의 경우, 손가락 지시를 통한 이해의 발달은 생후 18개월까지 진행된다. 이 단계를 지난 어린아이의 실험을 확인해보자. 어린아이에게 과자가 들어 있는 상자와 과자가 들어 있지 않은 상자를 준다. 그 후 어린아이에게 과자가 들어 있는 상자를 손가락으로 가리키면 대부분의 어린

아이가 과자가 들어 있는 상자를 열어본다. 그리고 어린 아이는 과자를 손가락으로 가리키며 먹어도 되는지를 확인한다. 여기에서 음식이 있으면 주변과 나누던 수렵채집 사회 조상들의 모습이 엿보인다.

이러한 발달의 전제는 주변과의 협력이다. 만약 그런 협력의 마음이 없었다면 타인이 자신을 위해 '과자가 있는 곳'을 가르쳐준다고 상상도 하지 못했을 것이다.

동일한 실험을 침팬지에게 해보면 침팬지는 손짓을 이해하려 하지 않는다. 바나나를 이용한 실험에서 침팬지는 손짓을 참고하지 않고 자기 마음대로 상자를 골랐다. 한편 손짓이 아닌 팔의 움직임에는 반응하는 것으로 밝혀졌다. 실험 진행 요원이 상자를 향해 팔을 뻗자, 침팬지는 진행 요원이 팔을 뻗은 쪽의 상자를 확인했다. 상대방이 잡으려는 상자에 음식이 있다고 추측하고는 먼저 가로채려 했던 것이다.

침팬지는 앞장서서 상대와 협력하려 하지 않는다. 협력이 필요한 환경에서 생활해오지 않았기 때문이다. 가끔 협력하는 듯한 행동을 보이지만 이것은 상위 개체의 요구에 하위 개체가 따르는 경우뿐이다. 협력이라기보다는 '지배·복종 관계'다. 침팬지는 인간과 가까운 고도의 지능을 가진 존재지만 협력하는 습관을 갖지 않아 협력에 필요한 인지기능이 진화하지 못했고, 집단 내에서 정보를 공유하거나 지식을 쌓는 등의 사회적 발전은 이루지 못했다.

그러나 인간 외에도 손짓 실험에 통과한 동물이 있다. 바로 개다. 개는 인류의 가축으로 늑대에서 진화한 특수한 동물이다. 온순하고 인간을 잘 따르던 늑대가 가축으로 길러지고, 대대로 인간과 협력할 수 있는 개체로 진화했다. 그 결과, 개는 사람과의 협력관계를 인식할 수 있고 사람의 손짓도 이해할 수 있게 되었다. 요즘 반려동물로 개를 키우는 사람이 많은데, 인간을 충실히 따르는 개에게도 '협력의 역사'가 있었다.

의외로 우리는 정보 출처에 신경 쓰지 않는다

수렵채집 사회와 같은 협력 집단에서는 '정보의 공유화'가 일어나기 쉽다. 집단의 각 구성원은 집단을 위해 도움이 되는 정보를 주변에 알리고, 들은 사람도 '도움이 되는 정보'라고 생각되면 다른 사람들에게 전달하기 때문이다.

독자 중에도 친구에게 재미있는 이야기를 들었는데, 친구가 들려주었다는 사실은 잊어버리고, 그 친구에게 다시 전달해 민망해진 경험이 있을 것이다. 수렵채집 사회에서는 누구에게 들은 정보인지는 그다지 중요하지 않았기 때문에 우리에게는 그 기억을 유지하는 구조가 없다. 협력 집단에서는 유효한 정보 공유가 이상적이었으므로 이에 따라 우리의 인지구조가 효율적으로 진화한 것이다.

인간은 이미 협력을 위한 준비가 대부분 태아기에 갖춰진 채로 태어난다. 망아지는 태어난 지 두 시간 정도 지나면 달릴 수 있다(그러지 못하면 포식자에게 잡아먹힌다). 망아지는 달릴 준비가 되어 태어나는 것처럼 인간은 타인과 협력할 수 있게 되면 태어난다.

유아 연구에서는 어린아이가 솔선수범해서 주변 사람을 돕는 행동이 보인다. 도움을 주었을 때 타인이 고마워하면 기뻐하는 감정을 표정으로 확인할 수 있다. 이것은 침팬지나 다른 영장류에서는 찾아볼 수 없는 인간

고유의 특성이다.

생각해보면 어린아이가 협력 집단에서 빨리 역할을 맡으려면 주변 사람들의 말을 있는 그대로 받아들이는 것이 가장 좋다. 이것저것 생각하고 의심하면 시간만 걸릴 뿐이다. 그래서 주위 사람들의 말을 듣고 재빨리 행동하려는 구조가 우리 몸에 배어 있다.

그런데 현대 사회에서는 이러한 경향이 성인이 되어도 변하지 않아 문제가 되기도 한다. 예컨대 1973년 일본에서 신용금고가 도산한다는 소문이 떠돌자 예금자 모두가 돈을 찾으러 간 '뱅크런' 사태로 이어진 도요카와 노부카네 사건이 있었다.

나중에 소문의 원인이 밝혀졌는데, 전철에서 학생들이 누군가의 말을 "신용금고가 위험하다"라고 잘못 들은 것이 발단이었다. 이 말을 오해한 학생들은 집에 돌아와 가족에게 신용금고가 위험하다고 말하고, 가족이 또 주변 사람들에게 전달해버려 마치 고요 속의 외침 게임 같은 정보 확산이 일어났다. 신용금고 예금자들은 주변 사람들에게서 중복적으로 도산 정보를 전달받아 이를 사실이라고 믿었다.

해당 신용금고가 사실무근이라고 발표했지만 예금 인출은 계속되었다. 이 사실은 우리가 공적인 정보보다 주위 사람들에게 중복적으로 들은 정보를 더 잘 믿는다는 사실을 알려준다. 또 주변 사람들의 출금을 보고도 동조하지 않으려면 상당한 용기가 필요하다.

인간은 수렵채집 시대부터 주변 사람들을 믿고 공감하고 동조하도록 진화해왔다. 이러한 사실을 바탕으로 페이크를 생각해보자. 설령 정보의 출처가 밝혀져 터무니없는 소문이라는 사실을 알아도 사람들의 신념이나 행동은 잘 바뀌지 않는다.

게다가 우리는 정보 출처를 잊기 쉽다. 같은 정보를 신뢰가 높고 낮은 곳에서 전달받아 그 차이를 관찰해보았다. 실험 결과 정보를 얻은 직후에는 출처의 신뢰도에 따라 차이가 있었지만, 한 달 후 재평가에서는 비슷하게 신뢰했다. 그다지 신뢰하기 어려운 곳에서 얻은 정보의 신뢰도는 한 달 후 저절로 상승했다. 이러한 현상을 '슬리퍼 효과sleeper effect'라고 한다.

상품보다 자신을 세일즈하라

일본 속담에 "사람을 보면 도둑으로 생각하라"와 "살아 가는 세상에 못된 귀신은 없다"가 있다. 언뜻 보기에 모 순이 느껴지지만 전자는 낯선 사람의 말을 함부로 믿어 서는 안 된다는 훈계이고, 후자는 그래도 성실하게 살다 보면 낯선 이에게 도움받을 수도 있다는 이상적인 속담 이다. 하지만 이상적인 기대만으로는 공감의 페이크에 속아 넘어갈 수 있다. 맞닥뜨리고 있는 사회의 이면을 알아야 한다.

위에서 언급했듯이 수렵채집 사회는 100명 정도의 소집단이었기 때문에 기본적으로 주변 사람들의 말을 신뢰하는 것은 자연스러운 일이었다. 하지만 약 1만 년 전 농경 사회가 시작되면서 수백수천 명의 사람들이 한 지역에 정착해 살기 시작했다. 새로 정착한 곳의 협력 집단은 혈연을 중심으로 구성되었고, 바깥은 낯선 존재 들이었다.

낯선 사람은 원래 세력권을 빼앗으러 온 적으로 '싸 울 상대'였기 때문에 신뢰하는 대상이 아니었다. 반면 같은 마을에서는 낯선 사람이라도 신뢰를 쌓으면 서로 협력하는 사이로 발전했다. 협력관계의 규모가 커지면 사회는 발전하는 한편 페이크를 일으키는 딜레마가 생기게 된다.

예를 들어 거리에서 상품을 파는 판매원이 있다고 해보자. 일반적으로 사람들은 낯선 사람을 경계하기 때문에 판매원이 상품을 적극적으로 추천해도 한 귀로 듣고 한 귀로 흘려버린다. 그래서 상품을 팔기 전에 판매원은 고객이 자신을 신뢰하도록 만든다. 가벼운 잡담을 통해 자신의 성실함을 어필하고, 호의를 베푸는 척 증정품을 건네며 고객이 이득 본다는 기분이 들게 한다. 그러면 점차 고객은 판매원을 자신의 협력 집단의 동료로 느끼기 시작한다.

이때 판매원은 고객에게 비싼 상품을 추천해 사도록 만든다. 고객이 "저 사람이 추천하는 물건이라면 믿을 수 있다", "꼭 저 사람 것을 사주겠다"와 같은 공감에 기반을 둔 감정 덕분에 매출이 오른다면 마침내 목적 달성이다. 이 같은 판매기술은 '풋 인 더 도어foot in the door 기법'(우선 고객의 집에 발을 들인 후 순차적으로 요구하는 것으로 단계적 요청법으로도 불린다)으로 알려져 있다.

협력 집단에서 속임수를 방지할 수 있었던 이유는 거짓말을 해도 금방 들통나거나 거짓말을 자주 하는 사람은 협력 집단에서 배척당했기 때문이다(1장 참고). 그러나 협력 집단의 구성원이 증가하고, 밀접한 인간관계가 줄어들면 거짓말을 미연에 방지하기 어렵다. 협력한다고 해도 거짓말이 금방 들통나기 어렵고, 설령 들통나더라도 기존 집단에서 도망쳐 다른 집단으로 옮긴 후, 아무 일 없던 것처럼 모르는 척하고 살면 된다.

앞의 예시처럼 공감을 이용한 페이크로 상품을 구매하게 만드는 판매원의 전략을 마을 전체가 공유하는 일은 불가능할까? 완벽한 정보 네트워크가 구축되지 않는 한 항상 페이크일 가능성을 염두에 두어야 한다. 현대 사회의 정보 네트워크는 아직 전적으로 신뢰하기는 어렵다. 페이크가 페이크인 줄도 모른 채 방치된 경우가 대부분이기 때문이다(4장에서 다시 언급).

(칼럼 4) 공감능력이 높은 사람의 괴로움

이 장에서 거듭 말했듯이 공감이라는 감정은 협력 집단을 전제로 한 특별한 감정이다. 우리가 다른 사람의 슬픔에 공감하는 이유는 서로 협력하는 동료로 공감을 통해 서로 돕는 이점이 있기 때문이다. 하지만 현대 사회에서는 협력 집단을 초월한 공감이 문제가 되고 있다.

모금 활동에서 돈을 많이 모으려면 '공감에 호소하는 것'이 제일 중요하다. 현대인들은 자신과 협력관계가 아닌 사람에게도 쉽게 공감한다. 옛날에는 주변 사람들만 동료로 여긴 데 반해 지금은 미디어의 발전으로 먼 거리에 있는 사람의 소식을 전해들을 수 있고, 다양한 협력관계를 형성할 수 있게 되었다.

이렇게 생각해보면 공감은 '박애정신'이자 이상적인 것으로 보인다. 그러나 그러한 보편적인 공감 때문에 페이크에 속아 넘어가버린다. 현대 사회는 일일이 사실을 확인하면서 기부를 해야 하는 지경에 이르렀다.

공감은 100명 정도의 협력 동료를 위한 감정으로 분리해서 생각하는 편이 좋다. 그 이상의 사람들에게 공감해도 질투나 동정만 생길 뿐 상황을 개선하지는 못한다. 공감능력이 더욱 커져 동물에게까지 공감하게 되면 육식을 못 할 가능성도 있다. 동양 문화에서는 사람의 심정을 헤아리는 것이 미덕으로 여겨진다. 하지만 타인의 마음을 헤아리기는 쉽지 않다. 커뮤니케이션을 원활하게 해도, 공감능력이 지나치게 높아도 수고가 끊이지 않는다. 상대방의 마음을 알지만 어쩔 수 없는 경우도 있고, 충분히 공감한다고 해서 그 공감이 항상 정확한 것도 아니다(1장 거짓말 실험 결과 참고).

가령 친구의 얼굴을 보고 "넌 지금 슬퍼"라고 말해도 실제로는 친구가 슬픔을 자각하지 못할 가능성이 있다. 공감능력이 높다면 친구에게 "넌 무의식중에 슬프다고 느끼고 있어"라고 말할 수 있지만, 이것은 잘못된 공감일 수도 있다. 이런 경우를 '오셀로의 오류'라고 한다. 오셀로는 셰익스피어의 유명한 비극의 주인공으로, 아내의 부정을 확신하고 아내를 죽여버리지만 사실 아내는 부정을 저지르지 않았다. 아내를 살해한 후 자신의 확신이 잘못되었다고 깨닫지만 버스는 이미 떠난 뒤였다.

공감능력이 뛰어난 것이 좋은 일만은 아니다. 거짓임을 아는 것은 좋지만, 사실을 거짓이라고 오해하면 '오셀로의 오류'처럼 문제가 생길 수도 있다. 적당히 거짓말에 속는 편이 좋을지도 모른다. 상대방이 슬프지 않다고 말한다면 잘못된 공감보다는 상대방의 말을 존중하거나 적당히 공감해주는 태도가 이상적이다.[10]

공감의 이점과 결점을 저울질하자

이번 장에서는 공감에 호소하는 페이크에 대해 알아보았다. 인간관계에서는 상대의 기분에 공감하는 자세가 중요하다. 과거에는 상대방의 사정을 헤아리고, 한 목표를 향해 서로 협조함으로써 협력 집단의 원활한 운영에 기여했다. 그런데 요즘은 옛날과 같은 긴밀한 인간관계를 동반한 협력 집단이 줄어들었다.

친밀한 관계라고 생각해서 상대방에게 공감해도 상대는 가벼운 사이라고 생각하는 경우 또한 적지 않다. 그렇다면 서로 돕는 관계로 발전할 수 없다. 그뿐만 아니라 친밀한 관계라고 생각하게 만들고 고가의 상품을 사게 유도하는 영업 활동이나 달콤한 말로 돈을 빌린 후 달아나는 결혼사기마저 일어난다. 이렇듯 현대 사회에는 '공감에 호소하는 페이크'가 횡행하기 쉬운 구조가 있는 것이다.

공감은 분명 새로운 인간관계와 협력 집단을 만드는 힘이 있다. 그러나 다른 한편으로 타인의 공감을 이용하려는 사람이나 비즈니스도 나타난다. 그러한 이점과 결점을 제대로 인식하고 공감능력을 발휘하기에 적합한 상황인지를 확인할 필요가 있다. 예를 들어 정치인이 연설을 하는 것을 보고 '재밌다', '기대된다'와 같은 감정으로 정치인의 연설에 쉽게 공감해버린다면 '잠깐! 이건 정치연설이야'라며 일단 공감의 감정을 배제하는 태도가 바람직하다. 이처럼 공감능력이 발휘될 때 '페이크는 없을까'라는 적절한 비판적 사고는 '공감에 호소하는 페이크'에 맞서는 방법이 될 것이다.

정보 매체가 발전한 요즘, 공감과 관련된 문제가 더욱 깊어지고 있다. 대인관계가 희미해질수록 우리는 인터넷에서 공감을 구하고 가상의 협력 집단을 만들려 한다. 이것이 가짜 뉴스가 만연해진 간접 원인이다.

다음 장에서는 언어가 주는 이미지 때문에 쉽게 페이크에 속는 배경을 해설한다(3장에서 다시 언급). 실제 인간 관계가 얕은 인터넷상에서는 언어 문제가 첨예화되고, 거짓 정보를 접한 사람들이 정의감에 불타 의도치 않게 가짜 뉴스를 유포하거나(6장 참고), 가공의 협력 집단을 형성하기도 한다(7장 참고).

3장

언어가 조장한 페이크:
상상이 만들어낸 역할

언어가 가진 이미지를 이용하라

나는 예전에 입욕제 세트를 선물받은 적이 있다. '벳푸 온천', '쿠사츠 온천', '하코네 온천'이라고 쓰인 입욕제를 욕조에 넣으면 해당 온천의 향과 색깔이 나서 마치 온천에 간 듯한 기분을 낼 수 있다. 그런데 '벳푸 온천'

입욕제 상자의 옆면에 작은 글씨로 "본 제품은 벳푸 온천을 재현한 것은 아닙니다"라는 문구가 적혀 있었다 (2장 참고). 나는 실제 온천과는 무관하다는 문구를 보자 기분이 상해버렸다.

'벳푸 온천'은 일본 규슈의 온천지역인 '벳푸'를 상품명으로 활용해 상품의 가치를 높이고 있다. "실제 벳푸 온천은 어떤 느낌일까" 하고 기대하며 입욕제를 쓰는 소비자들은 상술에 속아 넘어간다.

실제 벳푸에 가보면 벳푸 온천의 수질이 꽤 다양하다는 것을 알 수 있다. 벳푸 거리를 걸으면 곳곳에서 김이 올라오는 것을 볼 수 있고, 유황 냄새도 맡을 수 있다. 땅 밑에 있던 고온의 물이 어떤 암석층을 거쳐 지상으로 올라왔느냐에 따라 온천수의 질이 결정된다. 벳푸처럼 많은 원천이 있으면 장소마다 물의 색이나 냄새, 촉감도 다양해진다. 그렇기 때문에 벳푸 온천을 재현하려 해도 어떤 온천수를 재현해야 할지는 명확히 알 수 없다.

벳푸 온천이 다양하다는 사실을 알았다면 '벳푸 온천'이라는 표시를 보자마자 "어느 벳푸 온천을 지칭하는 것일까?" 하는 의문이 들 것이다. 이러한 배경 지식이 있으면 상술에 속을 염려는 없다.

지식이 있으면 상술에 넘어가지 않는 또 다른 예를 생각해보자. 대표적으로 상품 광고에서 쉽게 볼 수 있는 '특허 취득' 문구다.

특허란 어느 기업이 개발한 신제품을 일정 기간 동안 다른 기업이 따라 함으로써 이익을 창출하는 행위를 방지하는 제도다. 그래서 신제품 개발에는 많은 투자금이 들어가지만 신제품을 독점적으로 판매하면 어느 정도

개발자금을 회수할 수 있다. 만약 이러한 제도가 보장되지 않으면 기업은 많은 리스크를 동반하는 신제품 개발을 주저하게 되어 결과적으로 사회 발전을 저해한다. 특허는 소비자를 위한 제도가 아니라 기업 간의 공정한 개발 경쟁을 촉진시키려는 목적으로 만들어졌다.

그렇다면 기업 간의 공정한 경쟁을 촉진시키는 특허가 왜 소비자 광고에 드러나게 되었을까? 그것은 특허청이 신제품의 가치를 인정했을 때만 특허를 취득할 수 있다는 점과 관련이 있다. 광고주들은 '특허'라는 말을 이용해 소비자들에게 '특허청이 인정한 믿을 수 있는 신제품'이라고 홍보한다.

하지만 특허청이 인정하는 '신제품의 가치'는 다양하다. 소비자는 물건을 살 때 "제품의 성능이 좋다"는 점을 중시하지만, 특허에서 인정되는 가치는 어디까지나 '기업'을 위한 것에 불과하며, 제품의 성능을 대변하지는 않는다. 단적인 예로 "저렴하게 만들 수 있다", "단기간에 생산 가능하다"와 같은 제조방법에 관한 가치로도 특허를 받을 수 있다(이러한 경우는 제조특허에 해당한다).

종종 광고에서 특허라는 문구와 함께 특허번호가 명

시된 경우를 볼 수 있다. 특허번호를 검색해보면 어떤 특허에 관련되었는지 충분히 확인할 수 있다. 내가 조사한 결과로는 절반 이상이 제조특허였다. 제품의 성능에 관한 특허도 있었지만, 이것이 과연 소비자가 요구하는 기능인지 의심스러운 것들이 눈에 띄었다.

어떤 제품의 경우, 건강 유지에 도움이 되어야 할 영양제의 특허가 '성분의 냄새를 줄이는 방법'에 관한 것이었다. 물로 금방 삼켜버리는 영양제의 경우, 냄새가 별로 안 난다고 해서 그것이 과연 진정 소비자가 기대하는 영양제의 가치와 부합한다고 말할 수 있을까?

광고에서 흔히 볼 수 있는 '○○ 상 수상'도 마찬가지다. 맛있는 과자를 찾을 때 '○○ 상 수상'이라는 문구가 있더라도, 그 상이 포장지 디자인에 관련한 것이라면 과연 맛있는 과자라고 말할 수 있을까? 우리는 광고에서 어떤 상을 받았는지도 주의 깊게 확인해야 한다.

이렇듯 '뱃푸탕'도 '특허'도 언어가 갖는 의미의 다양성을 이용한 페이크다. 광고주는 거짓말 혹은 (위법이 되지 않는 범위 내에서) 소비자를 현혹하는 문구를 써서 소비자가 적당히 오해해주기를 바란다. 이번 장에서는 이러한 페이크에 대항하기 위해 언어가 갖는 이미지와 역사적 의의를 확인하고, 각각의 언어가 갖는 이미지가 사회 환경의 변화에 따라 다양하게 변화하고 있는 현실을 이해해본다.

언어의 발달이 거짓말을 쉽게 만들었다

언어를 이해하는 데에도 사람과 동물을 비교하는 것이 크게 도움된다. 이미 앞 장에서 한 사람이 다른 사람의 말을 쉽게 믿는 이유는 우리가 서로 협력관계에 있기 때문이라고 설명했다. 우리는 다른 사람이 자신에게 유익한 정보를 가져다준다고 생각하기 때문에 다른 사람의 이야기를 경청하고, 더욱 효율적인 정보교환 수단인 '언어'를 익혀왔다.

동물행동학 연구에서는 오래전부터 인간과 유사한 대형 영장류에게 언어를 가르치려고 노력해왔다.[11] 초기 시도는 실패로 끝났는데, 발성구조가 인간만큼 진화하지 않은 것이 원인이었다. 오늘날에는 연구자와 함께 생활하면서 '이모티콘'을 이용해 회화를 훈련하면 주어 + 동사 + 목적어로 이루어진 간단한 문장 정도는 이해할 수 있다는 것이 밝혀졌다.

대형 영장류는 언어 전 단계 수준의 지능을 갖고 있고, 협력관계 속에서 생활하다 보면 여러 언어를 익히는 것이 가능하다. 이를 통해 언어 습득에 협력관계가 중요하다는 사실이 또 한 번 밝혀졌다. 그러나 언어 학습의 효율은 사람에 비해 매우 낮다. 인간은 언어에 필요한 협력성이나 발성기능 등이 고도로 발달된 상태에서 태어난다. 이러한 능력은 사람이 생존하는 데 더 필요했기 때문에 진화한 것이다.

마이클 코벌리스Michael Corballis[12]는 언어가 발달하기 전, 인간의 의사소통은 주로 제스처와 같은 몸짓으로 이루어졌다고 주장한다. 대형 영장류의 경우도 발성기능이 미숙하다는 점에서 목소리보다 주로 제스처를 활용한다.

그렇다면 제스처에서 언어로 발달하는 과정에서 어떠한 일이 일어났는지 생각해보자. 언어가 발달함에 따라 결과적으로 표현의 폭이 넓어진 반면 거짓말을 쉽게

할 수 있게 되었다.

예를 들어 "내가 맘모스*를 사냥해 왔다"라는 것을 증명하려면, 예전에는 사냥해 온 맘모스의 큰 송곳니를 보여주며 '맘모스'임을 증명해야 했다. 하지만 그 후에 '맘모스'를 지칭하는 제스처가 만들어지자 굳이 송곳니를 보여주지 않아도 되게 되었다.

---

* '매머드'가 외래어 표기법에 부합하지만 과거에는 '맘모스'라고 통용되었던 만큼 내용상의 이해를 돕기 위해 '맘모스'로 표기한다—옮긴이.

처음 '맘모스'를 지칭하는 제스처가 만들어질 때, 제스처와 함께 맘모스의 송곳니를 가리키는 단계가 있었을 것이다. 하지만 맘모스의 의미가 집단 내에 확립되면서 점차 '맘모스의 송곳니'와 같은 증거는 필요하지 않게 된다. 증거 없이 무엇인가를 전달할 수 있게 되면, 자연스럽게 거짓말을 할 수 있는 환경이 조성된다.

더구나 언어는 거짓말로 쉽게 행위를 만들어버린다. "얼마 전에 곤충을 잡아 왔어"라는 제스처는 '맘모스'처럼 크고 무거운 느낌과 달리 작고 소소한 느낌이다. 물론 실제로 곤충과 맘모스를 마주한다면 절대로 혼동하는 일은 없다.

그런데 '맘모스mammoth'라는 음성언어와 곤충의 음성언어인 '모스moth'(영어로 나방을 의미한다)는 상당히 유사하다. 대화를 하다 보면 '모스'를 '맘모스'라고 잘못 말할 수도 있다. 나방을 잡았는데, 맘모스를 잡았다고 잘못 들은 사람이 갑자기 나를 존경스러운 눈빛으로 바라보고, 내가 그것을 이상하다고 느낀다면, 금방 '모스'를 '맘모스'라고 잘못 말한 것을 눈치챌 수 있다. 하지만 정정하는 것도 멋쩍기 때문에 그냥 오해하도록 방치하는 경우도 있을 것이다. 이런 경험을 반복하다 보면 "나는 음~ 모스를 잡았다"는 모호한 발음으로 듣는 사람이 '맘모스'라고 잘못 알아듣도록 하는 테크닉이 생긴다. 이것이 거짓말의 시작이다.

이처럼 음성언어는 약간의 발음 차이로 여러 가지 다른 의미를 표현할 수 있는 편리한 특징을 갖는 반면 거짓말이나 가짜를 쉽게 만들어버리는 경향도 있다.

허구를 상상하는 원숭이

언어는 더 큰 거짓말인 허구도 만들어낸다. 이 과정도 자세히 살펴보자. 언어의 특징은 지금 우리가 직면하고 있는 현실 세계가 아닌 부분까지 표현할 수 있다. "언덕 너머에 맘모스가 있다", "작년에 비가 온 뒤, 여기에 맘모스가 있었다" 혹은 "비가 오면 맘모스가 항상 여기로 온다"와 같은 언어가 갖는 시제나 가정법을 통해 현재의 추측, 과거의 상기, 미래의 예측을 표현할 수 있다.

우리는 이야기를 듣는 행위를 통해 직접 체험하지 않

은 과거, 현재, 미래의 모습을 마치 체험한 듯한 수준으로 상상할 수 있다. 이러한 이유로 우리는 스스로 체험하지 않고도 타인의 체험을 다른 사람과 공유할 수 있고, 과거의 체험을 기억하고 일정한 규칙을 찾아내 미래에 일어날 일을 높은 확률로 예상할 수 있다. 이러한 능력은 협력 집단의 작업 효율을 크게 높였다.

인류가 침팬지와 달리 문명 사회를 이루어낼 수 있었던 요인은, 앞 장까지 서술한 협력성과 이번 장에서 제시하는 상상력을 갖게 된 덕분이다. 협력성과 상상력을 갖추게 되면서 인간의 언어는 빠르게 발전하고, 지식 축적을 통해 문명이 구축되었다.

그러나 상상력이 발달해서 생긴 폐해도 있다. 원래 상상력은 정보가 적고 불확실한 현실을 보완하는 것이었다. 예를 들어 어제는 동쪽에 맘모스가 있었는데 오늘은 서쪽에 맘모스가 있다고 가정하자. 우리는 맘모스가 밤사이에 이동했을 것으로 추측하고, 이동 경로 근처에 덫을 설치한 후 맘모스를 포획할 수 있을 거라고 예상한다. 하지만 만약 동쪽 맘모스와 서쪽 맘모스가 다른 존재라면 '이동했다'는 상상은 틀렸으며 사냥은 실패로 끝난다. 상상은 어디까지나 현실에 준하는 것이지 진짜 현실이라고 생각하지 않는 것이 좋다. 상상력이 너무 좋으면 상상 세계를 현실처럼 여기는 폐해가 생긴다.

또 다른 예를 생각해보자. 300년 전에 일어난 대분화의 모습을 여러 사람에게 반복적으로 전해 들으면 마치 가까운 일처럼 착각하고 경험을 공유하게 된다. 이것이야말로 상상력의 힘이다. 대분화가 1,000년에 한 번 정도 일어나는 재해라면 생활하는 데 큰 문제가 되지는 않는다. 그런데도 지나치게 걱정한다면 상상력의 폐해가 된다. 현실에서 동떨어진 경험일수록 흐릿한 상상이 좋지만 인간의 상상력은 그렇지 않다.

자연재해를 기억하고 기록하는 것에는 분명 이점이 있지만, "대분화가 일어나면 전부 죽는다"라고 상상하면 불안해진다. 그래서 인간은 판타지를 대하는 태도를 발전시켰다. 가령 상상 세계에 산을 지키는 신을 등장시켜, 우리가 착하게 사는 한 신은 대분화를 일으키지 않는다는 이야기를 만들어 안심시킨다.

인간은 이야기가 만들어낸 '허구(페이크) 세계'의 존재를 현실처럼 믿음으로써 미래에 대한 불안이 줄어들어 적당히 현실과 타협하며 살 수 있다. 종교 또한 이러한 과정을 거치며 우리 사회에 뿌리내렸다.

반면에 침팬지는 여유롭다. 자신의 죽음이 임박해도 크게 동요하지 않는다. 오랜 기간 침팬지 연구를 거듭해 온 교토대의 마쓰자와 테츠로 교수는 연구 대상이자 동료였던 침팬지 아유무의 죽음을 지켜봤다. 아유무는 자신의 건강이 악화되어 이제 살날이 얼마 남지 않았다는 사실을 자각하고 있었지만 밝게 행동했다.

이것은 인간의 '밝은 척'과는 다르다. 마쓰자와는 침팬지 연구 결과를 통해 아유무가 스스로 존재하지 않는 미래 세계를 상상하지 않기 때문에 아마도 비탄에 잠길 일이 적을 거라고 추측한다. 반면 인간은 상상력이 풍부해서 미래에 대한 걱정이 앞서지만, 상상력을 통해 이야기를 만들 수 있고, 위로와 희망도 찾을 수 있다.

좋든 싫든 인류는 '상상하는 원숭이'다. 인간은 미래를 상상하고 문명을 구축하는 데 성공한 반면 허구를 믿고 퍼뜨리는 습성이 생겼다.

(칼럼 5) 저주는 정말 효과가 있을까?

타인과 말싸움을 벌이다가 "죽어버려!"라고 말하는 사람
이 있다. 현대 사회에서 폭력은 범죄이기 때문에 물리적
폭력 대신 '언어폭력'이 생겼다. 때에 따라 언어폭력을 당
한 사람도 물리적 폭력을 당한 것 같은 감정적 손상을 입
는다. 나는 어릴 때 언어폭력에 반격하고 싶은데도 끝내
참고 넘기자, 자신이 이겼다는 듯한 표정을 지은 친구 때
문에 마음의 상처를 입은 경험이 있다.

　인간은 언어 발달 덕분에 물리적인 싸움을 일으키지
않을 수 있었다. 뿔 대신 날카로운 발언이 '힘의 디스플레
이'가 된 것이다. 그러나 물리적인 폭력이 사라졌어도 계
속해서 침팬지와 같은 지배·복종의 관계가 존재한다면 참
서글픈 일이다.

　언어에 '힘'이 있더라도 그것은 우리의 상상력으로
만들어낸 '가공의 힘'이다. 예컨대 영어로 "댐 유Damn
you"(지옥에 떨어져라)라고 말했는데 만약 상대방이 그 의미
를 이해하지 못한다면 아무런 영향력이 없는 경우를 생각
해보자.

나는 중학생 때 미국인 친구를 사귄 적이 있다. 그 아이는 "댐 유!"라는 말을 입버릇처럼 달고 살았다. 하지만 나는 그 말을 몇 번이나 들어도 정확한 의미를 파악할 수 없었다. 미국인 친구는 내가 반응이 없자 일본어로 "댐 유"를 어떻게 말하는지 물어왔다. 무심코 나는 '바가バカ(바보)라고 의역해서 알려주었다. 그 이후 미국인 친구는 나를 만날 때마다 "바가, 바가!"라고 놀려댔다. 나도 일본어로 듣다 보니 짜증이 났고 "댐 유"처럼 "바가"의 뜻을 연상하지 않으려고 노력했지만 분노가 치밀어 올랐다. 그 친구가 내게 '언어폭력'을 일삼을 의사가 없었더라도 나는 피해를 입었다.

그렇다면 상대방이 안 보이는 곳에서 "아브라카다브라, 지옥에 떨어져라!"라고 외치는 '비밀의 주문'은 정말 영향력이 있을까? 언어 자체에 영향력이 있는 것이 아니라면, 마법처럼 저주를 비는 사람의 바람이 상대방에게 전달된 것일까?

저주의 효과도 인간의 상상력이 열쇠가 된다. 인형 찌르기와 같은 행위는 저주할 상대가 모르는 곳에서 주술을 행하는 것이 원칙이지만, 상대방이 저주받고 있다는 사실을 알았을 때 비로소 큰 효과를 얻을 수 있다.

저주받고 있다는 것을 안 사람은 자신의 상상 속에서 저주의 힘을 키워 더욱더 고통받게 된다. 저주받은 사람은 온갖 일들을 '저주 탓'으로 돌리기 때문에, 마치 저주가 통한 듯한 '주문의 효과'가 나타나기도 한다.

거짓말과 비꼼을 이용하자

현실 세계에서는 영화처럼 규모가 큰 판타지는 일어나지 않는다고 생각하는 사람도 아마 살면서 한번쯤은 작은 판타지를 경험하거나 상상해보았을 것이다. 특히 아이를 키우는 부모들은 일상생활에서 작은 판타지를 종종 이용한다.

대표적인 예로 한국에서 아이가 아파할 때 배를 문질러주며 "엄마 손은 약손!"이라고 말하는 것처럼 일본에서는 "아픔아! 하늘로 날아가 버려!"라고 말하는 관습이 있다. 통증은 감각이지 물건처럼 '던지는 것'이 아니다. 하지만 그것을 굳이 사물인 것처럼 말로 표현한다. 이것을 물상화物象化라고 한다.

인간은 상상력이 풍부하지만, 다른 동물처럼 현실 세계의 물리적 움직임에 더 익숙하다. 그래서 아픔을 '날아가 사라짐'이라고 물상화시켜 아이를 달랜다. 아이가 느끼는 고통을 큰일이 아니라는 듯 표현해, 어른의 걱정을 간접적으로 전달하는 동시에 아이도 안심시킨다. 이것은 모종의 거짓말이지만, 언어 표현의 유연성을 이용한 교묘한 기술이며, 하나의 '방편'이다.

그러나 어른 입장에서는 사소한 거짓말일지라도 아이에겐 보이지 않는 현실처럼 느껴진다. "원한을 사서 저주가 내렸다", "죽은 사람의 영혼이 떠돌아다닌다" 등의 말도 현실에서 일어날 수 있다고 믿는다(이 또한 물상화의 사례다). 실제로 유령의 존재 여부를 묻는 조사에서 어른보다 아이들이 더 많이 믿는다고 밝혀졌다.

판타지의 이용 가치는 높지만, 판타지와 현실을 혼동하는 폐해에도 주의를 기울여야 한다. 위에서 언급한 예시처럼 통증에는 강도가 약한 통증과 심한 통증이 있다. 약한 통증의 경우, 판타지 효과를 적절히 이용해 아이를 달래주면 좋다.

'통증이 날아간다'는 표현의 경우, 언어가 다양한 의미를 가진다는 점이 장점으로 작용된다. 아픔이 날아간다는 말은 듣는 이로 하여금 통증이 사라진다고 생각하게 만들기 때문이다. 즉, 아픔이 날아간다고 말해도 화자가 물상화한 것이 아니라 듣는 사람이 일방적으로 물상화한 것이다. 이런 경우는 말하는 사람의 의도와 듣는 사람의 해석 사이에 오해가 일어난 것인데, 듣는 아이의 일방적인 오해 덕분에 어른들은 거짓말을 했다는 죄책감에서 벗어날 수 있다.

나는 미안한 기색도 없이 종종 수업에 지각하는 학생에게 "항상 건강하고 좋다"라고 비꼬아서 지적한다. 당연히 아프지 않은데도 지각을 해서 다른 학생들에게 피해를 준다면 혼나도 할 말이 없는 상황이지만, 어쨌든 간접적인 지적만으로도 다른 학생들은 지각생이 주의를 받았다고 생각한다.

직설적으로 지각하지 말라고 주의를 주지 않는 이유는 혹시 그 학생이 학비 때문에 늦게까지 아르바이트를 하거나 가족을 돌보는 등 다른 사람들은 모르는 개인적인 사정이 있을 수 있기 때문이다. 그런데 다른 학생들

앞에서 대놓고 지각하지 말라고 주의를 주면 지각생은 자신의 개인 사정을 모두에게 밝힐지, 아니면 사정을 감춘 채 혼자 울분을 삭일지 선택을 강요당한다.

애당초 누구나 지각은 좋지 않다고 알고 있다. 굳이 말할 필요도 없는 일이다. 지각생에게 "항상 건강하고 좋다"라고 지적하면 아르바이트나 간병을 위해 노력하는 학생에게는 문자 그대로 격려로 들릴 것이다. 반면 특별한 사정도 없는데 지각을 한 학생이라면 마음이 뜨끔할 것이다. 이런 지적은 약간 비꼬는 말로 일부러 오해를 일으켜 페이크를 활용하는 전략이다.

비꼬는 행위는 본래의 의도와 다르게 표현해 듣는 이로 하여금 언외의 의미를 상상하게 하는 기술이다. 의도를 부드럽게 전달하는 것뿐만 아니라 여러 가지 사정이 있는 사람을 배려할 수도 있다. 또 말을 적당히 비꼬는 것은 그다지 어렵지 않기 때문에 많이들 쓰지만, 사실 비꼬는 말을 이해하기 위해서는 높은 인지능력이 필요하고 이해하는 데 개인차 또한 크다. 일반적으로 돌려 말하기나 비꼬는 말을 이해하는 것은 7~8세 이상이 되어야 가능하다.

비꼬는 말은 문자 그대로 받아들이거나 이해하지 못하는 경우에 종종 문제가 생긴다. 더구나 특정 문맥에서 벗어나버리면 아예 의미가 없어진다. 교실이 아닌 다른 곳에서 지각생을 격려하면 지각해도 별로 문제 삼지 않는 선생님이라는 오해를 사기 십상이다. 만약 그 지각생이 앞에서 언급한 상황을 자신의 SNS에 올린다면 문제가 더 커질 수도 있다. 그 학생은 가벼운 이야깃거리라고 생각해 SNS에 올렸다 해도 게시물을 본 학생들은 얼마든지 오해할 수 있고, 불성실한 학생들이 수업에 많이 들어오게 되는 결과로 이어질 수도 있기 때문이다.

신기한 점은 이러한 과정이 대면 수업에서는 페이크를 이용한 실험에 지나지 않지만, 비대면 커뮤니케이션에서는 '진짜 페이크'로 변질된다는 것이다(이 화제는 6장에서 자세히 다루도록 하자). 비대면 커뮤니케이션이 늘고 있는 오늘날, 무분별한 비꼼은 득보다는 실이 될 수 있다.

언어의 날카로움

이번 장에서는 하나의 언어가 여러 가지 의미를 지닌다고 설명했다. 예를 들어 '세계'라는 단어는 '현실 세계' 혹은 '상상 세계'로 표현할 수 있다. 그 밖에도 창문으로 보이는 '바깥 세계', 지구촌 국가들이 모인 '세계'를 지칭할 수도 있다.

이처럼 언어의 '확장되는 성질'에는 편리한 면이 있다. '의자'라는 단어를 생각해보자. 의자라는 단어는 단순히 우리가 과거에 본 의자만을 가리키지는 않는다. 우리는 과거에 본 적 없는 참신한 디자인의 의자도 '의자'

라고 생각하며, 인형놀이에 쓰이는 미니어처 의자도 '의자'라고 표현한다. 왜 그럴까? '의자'가 추상적인 개념으로 확립되었기 때문이다. 그래서 '의자'라는 한 단어로 여러 의자를 나타낼 수 있다.

반면 언어의 의미가 확장되어 속기 쉬워진 점도 있다. 보통 의자는 앉는 물체이기 때문에 그 단어를 들으면 누구나 앉을 수 있다고 생각하기 마련이다. 예를 들어 파티에서 "오늘의 주인공은 의자에 앉아주세요"라고 해서 앉았는데, 그 의자가 '마술용 의자'(의자의 형태만 있고 앉을 수 없는)라면 그대로 넘어져 모두의 웃음거리가 될 수 있다. 의자에 앉은 사람은 '의자'라는 단어의 확장에 속아 넘어간 것이다.

또한 언어는 '의미가 확장되는 성질' 외에 '의미를 구별하는 성질'도 있다. 이것이 언어의 '날카로움'으로 이어지는데, 이는 동전의 양면과도 같다. 사물을 이해함과 동시에 오해를 불러일으키는 것이다.

앞에서 '현실 세계'와 '상상 세계'가 존재한다고 언급했다. 전통적으로 철학의 관념론은 현실 세계와 상상 세계를 동일시한다. 하지만 생물학적 관점에서는 현실과 상상을 구별할 필요가 있다. 생물학적 관점은 역사적으로 생물이 어떤 순서를 거쳐 진화했는지를 중시하기 때문이다. 생물은 현실 속에서 살고 있었고, 현실 세계를 우선적으로 생각할 필요가 있었다. 야생에서 지나친 상상력을 가진 생물은 쉽게 잡아먹힌다. 그래서 현실 직시가 우선적으로 이루어지고 어느 정도 여유를 확보한 후 미래를 예측하는 상상력이 진화했다.

이와 같이 '현실 세계'와 '상상 세계'는 각기 다른 유래를 가진 다른 특성이기 때문에 '산을 지키는 신'은 상상 세계의 존재이며, 현실 세계에는 존재하지 않는다고 구별하는 데 의의가 있다. 이러한 구별 덕에 우리는 '현실 세계'와 '상상 세계'를 구분해서 표현하고, 서로 '별개'임을 인식할 수 있다.

그러나 이러한 언어의 날카로움은 때로 지나칠 정도로 작용하기도 한다. 상상 세계의 시작은 현실 세계의 과거와 미래에 대한 상상이었다. 그렇다면 현실 세계와 상상 세계의 중간단계가 존재한다는 의미다. 그런데 우리는 언어의 단적인 날카로움 때문에 종종 중간단계를 놓치곤 한다.

심리학에서 잘 알려진 성격 논쟁을 예로 들어보자. '밝은 성격'과 '어두운 성격'은 정말로 있는가 하는 논쟁이다(성격심리학에서는 외향성·내향성이라는 개념으로 구분한다). 이 견해에 따르면 "저 사람은 밝다" 혹은 "이 사람은 어둡다"라는 낙인 효과(프로토타입 사고라고 하며 자세한 것은 6장 참고)가 일어나기 쉽다. 한편 이러한 견해에도 의문이 제기되고 있다. 그 이유로 평소 말이 없는, 이른바 어두운 성격을 가진 사람도 자신의 관심사를 이야기할 때면 말이 많아지고 밝은 성격이 되는 경우도 있기 때문이다.

그런데 '밝다', '어둡다'를 구별해 표현하는 습관이 생기면 언어에 따른 단순화가 일어난다. 그렇게 되면 개인의 복잡한 내면이나 상황에 따라 달라질 수 있는 임기응변적 행동 경향이 무시되기 쉽다. 어두운 성격이라고 단정 짓는 행동 때문에 소중한 인간관계의 기회를 잃고 있을지도 모른다. 이것이 언어에 기인한 단순화의 폐해다.

나는 성격 유형 검사는 없어져도 좋다고 생각하지만, 성격 유형 검사의 인기는 여전히 뜨겁다. 특히 요즘처럼 진지한 교제가 희박해지고, 낯선 사람들과 가벼운 만남

이 연속적으로 일어나는 생활 형태에서는 일단 상대방이 밝은 사람인지 어두운 사람인지를 알고 싶어진다. 성격 유형을 계기로 관계가 시작된다면 성격 유형 검사의 의의를 마냥 부정할 수만은 없다.

그래도 언어의 양면성을 인식하고 오해가 커지지 않도록 항상 유의해야 한다. 정보 미디어가 발전해 인간관계가 계속해서 얇고 넓어지면 언어에 따른 단순화의 문제는 우리가 느끼지 못하는 사이에 점점 커질 수밖에 없다.

(칼럼 6) 브랜드와 가짜 긴장관계

언어의 가치가 중시되게 된 계기는 기업들의 브랜딩이다. 기업은 브랜드를 내세워 품질 좋은 상품과 서비스를 저렴하게 제공해 소비자에게 신뢰를 얻는다. 이때 광고가 브랜드의 이미지를 더욱 증진시킨다.

구매 후 실제 상품 가치를 깨달을 때까지 걸리는 시간은 비즈니스 업계마다 다르다. 그래서 소비자가 상품 가치를 실감하기까지 다소 시간이 소요되는 비즈니스(레몬 시장이라고 한다)에서 브랜드 가치는 절대적이다. 만약 내가 '리버스톤Riverstone'(저자의 성을 참고)이라는 회사를 설립해 상표 스티커를 붙이고 중고차를 팔기 시작했다고 가정하자. 엔진이나 내부 상태가 좋은 차를 저렴하게 판매하고, 사고 차량은 취급하지 않는다. 이러한 마인드로 회사를 운영하면 "리버스톤의 중고차는 오랫동안 안전하게 탈 수 있다"라는 평판을 얻게 되고, 리버스톤이라는 이름에 가치가 생기게 된다.

그러나 리버스톤의 가치가 커지면, 다른 회사들이 비슷하게 흉내 내서 중고차를 팔 수 있다. 이러한 현상을 방지하는 게 상표제도다. 중고차 회사를 설립할 때, 리버스톤이라는 상표명을 등록해두면 다른 회사가 쓸 수 없게 된다. 브랜드 가치를 쌓는 것은 엄청나게 막대한 노력이 들지만 이를 흉내 내기는 쉽다. 이런 식의 페이크가 계속해서 활개를 친다면 피해는 고스란히 소비자들의 몫이 된다. 상표제도는 이를 방지하기 위한 사회제도다.

하지만 내가 나이가 들어 회사를 누군가에게 양도한다

면 상황은 달라진다. 새로운 경영자가 이윤을 위해 상태가 안 좋은 중고차를 판매한다면, 당장은 그동안 쌓아 올린 이미지 덕분에 상태가 좋지 않은 중고차도 잘 팔릴 수 있다. 그러다 어느 정도 운 좋게 매출이 유지되면 경영자는 자신이 소비자들의 요구를 충족시키고 있다고 착각하게 된다. 물론 소비자들은 이런 사실을 모른 채 기존의 리버스톤 상품보다 낮은 가치의 중고차를 사게 된다. 이런 상태가 계속된다면 회사 발전은 역행하고 브랜드 가치는 훼손될 것이다. 그러면 결국 기존 브랜드를 계속해서 운영해나가는 것은 불가능해진다.

일반적으로 브랜드 가치가 높아지면 소비자의 과대평가도 일어난다. 그래서 다소 낮은 가치의 상품도 브랜드 이미지 덕분에 일시적으로 판매량이 늘어난다. 그러나 지속적으로 낮은 품질의 상품을 판매하면 브랜드 가치는 떨어지기 마련이다. 브랜드 가치는 당장 수치에 반영되지 않기 때문에 주의를 기울여야 한다. 능력 있는 경영자는 소비자의 의견을 듣고, 수시로 브랜드 가치를 파악하는 데 힘쓴다.

언어의 한계를 확인하자

이번 장에서는 언어가 페이크를 조장하는 현실에 대해 서술했다. 인간은 상상력을 길러 언어를 발달시키고, 지금 당장 처한 현실과는 다른 현실 표현이 가능해지면서, 미래를 개선해나갈 방법을 찾았다. 문명 사회의 발전은 이러한 인류의 지혜를 통해 이루어졌다.

반면에 언어는 거짓이나 페이크를 쉽게 만들어낸다. 언어를 통해 현실에 존재하지 않는 가짜를 상대방이 상상하게 만든다. 정당한 발언을 하는 것처럼 꾸며, 듣는 사람의 오해를 이용한 속임수도 횡행하고 있다. 언어의 발달이 거짓말의 진화에 불을 붙인 셈이다.

언어의 힘은 가공의 판타지 세계를 생생히 상상하게 만들 정도로 강력하다. 현대 사회가 법치국가로서 헌법이나 법률을 이용해 다양한 사람을 통솔한다는 사실에서도 언어가 지닌 힘이 얼마나 강력한지를 짐작할 수 있다(7장 참고). 그러나 언어는 사물을 희미하고 유연하게, 때로는 단호하게 나타낸다는 이점이 있다. 반면 예상치 못한 사물을 표현 대상에 포함시키거나 중요한 존재를

감춰버리는 결점도 있다.

　가령 "그는 밝은 성격이다"라는 귀띔만 듣고도 인물에 대한 인상이 확 바뀐다면 당신은 언제든지 언어의 희생양이 될 수 있다. 자신이 직접 판단할 수 있을 때까지는 타인이 전해준 평가는 곧이곧대로 받아들이지 말고 한발 물러나서 생각하는 게 좋다. 언어의 한계를 인식하고 적절한 태도를 취하도록 노력하자.

　그런데 언어의 힘은 이미 우리의 내면 깊숙이 자리 잡았다. "나는 밝은 성격이다"라는 생각이 그 증거다. 다음 장에서는 이러한 자기기만에 대해 생각해보려 한다. 언어 문제가 첨예화된 온라인상에서는 사회에 대한 상상과 자기 내면의 불안을 조절하려는 기만이 맞물려 가짜 뉴스가 횡행하기 쉽다(6장). 그리고 때에 따라 가공된 음모론의 신봉으로 확대되기도 한다(7장).

4장

자기기만에 둥지를 튼 페이크:
승인 욕구의 폭주

신 포도와 달콤한 레몬

「여우와 포도」라는 이솝우화가 있다. 가지가 휠 정도로 풍성하게 익은 포도나무를 발견한 여우가 포도를 따려고 뛰어오른다. 몇 번이고 도전해보지만 도저히 닿지 않는다. 여우는 포도 따기를 포기하고, "저 포도는 신 게 틀림없어!"라고 말하고는 제 갈 길을 간다. 여우는 자신의 점프 실력이 부족해서 '달콤한 포도'를 따지 못했다는 사실은 받아들이지 않고, "저 포도는 시다"라고 단정 짓는다. 이 이솝우화는 상상력으로 억울함을 달래거나 다른 동물에게 약점을 보이지 않으려고 행동하는 여우의 우스꽝스러움을 지적한다.

물론 실제 여우는 이런 행동을 하지 않는다. 여우는 상상력이 좋지 않기 때문에 포도가 실 거라고 생각할 수 없고, 다른 동물이 자신을 어떻게 볼지 생각하는 사회성

"저 포도는 신 게 틀림없어!"

도 발달되지 않았다. 하지만 이 이야기를 읽고 "여우라서 어쩔 수 없지!"라고 비웃은 사람은 이 여우가 인간을 상징하고 있다는 것을 깨달으면 뜨끔해진다. 그런 의미에서 「여우와 포도」는 '무서운 이솝우화'다.

인간은 자신의 약점을 숨기고 자기긍정을 높이려는 본성이 있다. 남에게 약점을 보이려 하지 않을 뿐 아니라 스스로 자신의 약점을 일부러 의식하지 않으려는 경향이 있다. 그렇게 구축된 자기긍정 덕에 자신감이 생기고 좀 더 분발하게 되므로 이런 본성은 꽤 중요하다.

한편 인간은 자기긍정과 관련된 정보에 민감하다. 그래서 각별한 주의가 필요하다. 인간은 가짜 뉴스일지라도 열심히 정보를 수집해 자기긍정에 이용한다. 때로는 정보를 확대 해석해 자기긍정을 하기도 한다. 이렇게 자기긍정을 억지로 높이는 행위를 자기기만이라고 한다. 이른바 '스스로를 속이는 행동'이지만 인간이 살아가는 데 없어서는 안 될 심리구조다. 이 심리구조가 이번 장의 주제다.

「여우와 포도」의 이야기처럼 자신이 얻지 못한 것을 과소평가하는 심리구조를 심리학에서는 '신 포도 기제'라고 부른다. 이는 상상력으로 만들어낸 '의미 부여'로, 마음의 안정을 유지하는 방어기제 가운데 '합리화'에 해당한다.

반대로 자신이 얻은 것을 과대평가하는 심리구조는 '달콤한 레몬 기제'라고 부른다. 신맛이 나는 레몬조차도 달콤하게 느낀다는 강렬한 표현으로 인간의 '합리화'를 적나라하게 지적하고 있다. '달콤한 레몬 기제'는 주로 비싼 물건을 샀을 때 나타난다. 내가 산 물건은 '좋은 물건'이어야 한다. 가격에 비해 좋지 않은 물건을 사게 되면 우리는 억울함을 느낀다.

광고를 찾아보는 행동에서 이러한 심리가 엿보인다.
예를 들어 고가의 차를 산 사람은 사지 않은 차보다 구
매한 차의 광고를 더 많이 시청한다고 알려져 있다. 광
고는 자신이 산 차가 얼마나 좋은 차인지 거듭 이야기하
고 있기 때문에 광고를 보면서 차를 잘 샀다는 자부심이
생긴다. 반면 사지 않은 자동차 모델의 광고를 보면 자

내가 산 차는
'좋은 차'가 분명해!

신이 산 차에는 없는 성능이나 할인 정보를 알게 된다. 되도록이면 사지 않은 차의 광고는 보지 않는 것이 평정심을 유지하는 데 좋다.

한편 '달콤한 레몬 기제'가 문제를 일으키는 경우도 많다. 예를 들어 주식투자에서 상승을 예상한 주식이 하락하는 경우다. 실패를 받아들이고 싶지 않은 투자자는 주가가 하락해도 언젠가는 오를 '좋은 주식'임에 틀림없다고 믿고 계속해서 손해를 본다.

다른 예로는 취업 준비생이 어렵게 들어간 회사를 좋은 회사라고 생각하는 경우를 들 수 있다. 그만두면 여태껏 들인 노력이 물거품된다고 생각하기 때문에 자기기만의 의의도 있다. 그러나 회사가 사원의 이직을 낮추기 위해 취업의 문턱을 높인 것이라면, "취업 준비는 힘들었지만, 좋은 경험이었다"라고 생각하고 과감히 이직하는 것이 낫다.

이처럼 자기기만은 마음의 안정을 도모하는 큰 이점이 있는 반면 현실을 잊어버리는 결점도 있다. 이번 장에서는 자기기만이 횡행하는 배경을 살펴보고, 적절하게 자기기만을 발휘하는 방법에 대해 생각해보자.

자기긍정 덕에 집단의 구성원이 되다

앞에서 언급했듯이 인간은 자기긍정을 높이려는 심리가 있고, 그것이 자기기만의 원인이 된다. 이번에는 이러한 심리의 유래에 대해 알아보자.

공포나 애정은 유인원 이전 시대에 유래된 감정이지만, 자신에 대해 긍정적으로 생각하는 심리나 자기긍정을 유지하고 싶어 하는 심리는 주로 수렵채집 시대에 형성되었다. 2장에서 언급한 바와 같이 수렵채집 시대에 인류는 50명에서 100명 정도의 협력 집단에서 일생을 보냈다. 원칙적으로 출생 후 평생 한 집단에 소속되기 때문에 집단 구성원으로 인정받는 것은 필수불가결한 조건이었다.

수렵채집 시대의 집단은 긴밀한 협력이 특징이다. 소그룹으로 나뉘어 사냥에 나가고, 잡은 사냥감은 나눠 먹었다. 열매가 익을 시기가 되면 여럿이서 채집을 나갔으며, 따온 열매도 모두와 분배하는 생활이었다. 효율적으로 일하기 위해 집단 구성원들은 역할을 분담했다. 예를 들어 완력이 강한 사람은 사냥에서 창던지기를 담당하고, 눈이 좋은 사람은 망을 보는 식이다.

집단은 태어난 아이가 잘하는 일과 잘할 수 있는 일을 재빨리 파악하고 담당을 정해주는 것이 좋다. 아이들은 자신의 능력을 파악하고, 스스로 할 수 있는 일을 찾아내야 한다. 일을 잘해서 어른들에게 인정받으면 빠른 시기에 집단에 적응할 수 있기 때문이다.

한편 집단의 환경이 특정 감정과 욕구를 진화시켰다. "나는 집단에서 필요한 존재다"라고 생각하는 자기긍정과 자신의 능력을 주변에 알려서 허락을 구하려는 욕구다. 맡은 일을 잘 해내면 성취감과 만족감도 얻는다. 협력 집단에 소속되어야만 살아남았던 시대가 인간의 행동에 방향성을 제시했다.

이 과정에서 '페이크'가 등장한다. "지금 내 힘으로 할 수 있는 일은 별로 없다"라고 생각해도 일단 "해낼 수 있습니다"라고 공언한다. 그러면 주변 사람들도 "네가 그렇게 원한다면" 하고 속는 셈 치고 새로운 일을 맡겨본다. 그 결과, 그다지 특출한 능력이 없던 사람도 시행착오를 거쳐 점점 능력이 향상된다. 이렇게 해서 '페이크'는 진짜가 된다. 이것은 '자기 충족적 예언'이라고 불리며, 우리가 때때로 달성하기 어려운 목표에 도전할 때 활용하는 기술이다.

어려운 과제에 도전할 때, "뜀틀 10단을 한 달 만에 뛰겠다!"라고 주위 사람에게 공언하는 것이 이에 해당한다. 일단 공언하는 행동은 사회적 책임을 수반한다. 달성하지 못하면 말만 번지르르한 사람이 되어 주변 사람들의 신뢰를 잃게 된다. 이런 책임감으로부터 어떻게든 목표를 달성하겠다는 의욕이 생기고, 고단한 연습도

견뎌내게 된다. 곰곰이 생각해보면, 모든 도전에는 "나는 뜀틀 10단을 넘을 수 있다"와 같은 믿음이 필요하다. 소질이 있다는 근거가 없는 상태라도 막연히 믿지 않으면 시작하기 어렵다. 남들은 막연한 자신감이라고 비웃을지언정 나에게는 든든한 무기가 될 수 있다. 자기기만이 필요한 이유다.

협력 집단에는 많은 일이 있고 담당자가 필요하다. 일반적으로 해본 적 없는 일에 자신감이 없고, 하기 싫다고 느끼는 것은 당연하다. 그러나 그렇게 끝나버리면 협력 집단은 성립되지 않는다. 우리는 "너라면 괜찮아. 무조건 할 수 있으니까 스스로를 믿어라"라는 집단 원로들의 말을 믿고 자신감을 가지면서 협력 집단을 형성해왔다. 아울러 우리는 스스로를 고무하고, 경험한 적 없는 일이라도 도전할 수 있게 자기긍정을 유지하도록 진화했다. 그 배경에는 자기기만이 한몫한다. 그러나 내심 "못할 것 같다"라고 생각하면 의욕이 사라지고, 결국 타인에게 속마음을 들키고 만다. 때로는 진심으로 "할 수 있다"라는 자기기만이 필요하다.

자기기만투성이인 우리

현대 사회에서 자기기만이 지극히 일반적이라는 것은 다음 질문의 답변에서도 나타난다. 예를 들어 "당신의 친절함은 평균 이상입니까?", "당신의 걸음은 평균 이상입니까?" 등 여러 가지 질문의 결과를 집계하면, 평균 이상이라고 응답하는 경향이 70퍼센트 이상 나온다.

평균은 50퍼센트이므로 20퍼센트 이상의 사람들이 평균 미만인데도 "나는 평균 이상이다"라고 답하는 것이다. 이것을 낙관적인 사람들이 모이는 마을이 등장하는 작품을 따서 '워비곤 호수 효과'[13]라고 한다.

현대 사회의 생활은 수렵채집 시대의 생활과는 많이 다르다. 그럼에도 인류가 습관적으로 자기기만을 하는 이유는 무엇일까? 앞서 언급했듯이 수렵채집 시대에 자기기만이 필요했던 이유는 협력 집단의 구성원으로 인정받고 싶은 사회적 승인 욕구 때문이었다. 사실 이미 협력 집단의 구성원이라면 자기기만은 그다지 필요하지 않다. 굳이 출중한 성과를 내겠다고 공언하지 않아도 주변 사람들에게 어느 정도 자신의 실력이 알려져 있고,

대개는 적정한 할당량을 나눠 받기 때문이다. 또 나이가 들면 젊은 사람들에게 일을 물려주기 때문에 허세를 부릴 필요도 없다.

문명 사회에서는 수렵채집 시대와 같은 긴밀한 협력 집단은 드물다. 주변에 수렵채집 시대처럼 기본적인 삶을 지탱해주는 협력 집단이 없으면 존중 욕구는 충족되지 않는다. 흔히 말하는 "설 자리가 없다"라는 상황은 존중 욕구의 부재 중 하나다. 그래서 현대에는 돈을 벌어 최소한의 생활을 유지하고 인간적인 유대관계를 구축하면서 또 다른 존중의 욕구를 충족시키고 있다.

그런데 개인의 영위를 위해 돈을 버는 문명 사회에서는 주위 사람들과 경쟁을 해야 한다. 예전에는 협력 집단의 구성원이 되기 위한 과정으로 자기긍정을 높여 어필하고 주위의 인정을 받으려던 심리가 현대에는 일생 동안 타인과 경쟁하며 일하는 동기부여로 소비된다. "큰 기업의 CEO가 되려면 헝그리 정신을 잃지 마라"라는 말은 시장원리에 바탕을 둔 현대 사회도 수렵채집 시대의 존중의 욕구가 필요하다는 것을 나타낸다. 평생 자기기만을 유지하고, 자신의 부족한 능력일지라도 일단 적극적으로 어필하라는 분위기다. 그러나 자존감을 높여라, 정체성을 확립하라는 구호를 조심해야 한다. 필요 이상으로 자기기만을 높이는 마이너스 효과를 가져오기 때문이다.

자존감이 높아지면 스스로 능력이 있다고 믿고 자신감이 생기는 대신 능력을 키우려는 노력이 소홀해진다 (칼럼 8 참고). 정체성이 확립되면 자신의 스타일이 고착됨과 동시에 새로운 상황에 맞춰가려는 마음이 한풀 꺾인다. 나다움과 정체성은 협력 집단에 어필하는 재료였다. "내가 할 수 있는 일"이라는 표현은 존중 욕구를 위한 수단이며, 책임감을 갖게 되는 최소한의 자기기만이다.

그러나 협력 집단의 의미가 약해진 현대 사회에서는 오히려 여러 집단에 소속되어 다양한 사람과 관련된 생활이 장려되고 있다. 이런 상황에서 정체성을 찾다 보면 어떤 집단에 소속되더라도 자신답지 못하고 집단에 맞춰 연기한다고 느껴진다. 현대 사회에서 정체성을 유지하려면 수많은 집단에 맞춰 자기기만이 불가피해지고 자신을 잃어버리기 쉽다. 오히려 정체성 확립을 고집하지 않는 태도가 때로는 현명할 수도 있다.

(칼럼 7) 기도하는 이유는 무엇일까?

우리가 의욕적으로 생활하려면 자기긍정과 함께 자기효능감을 높여야 한다. 이와 관련된 실험으로 전기충격 실험이 있다. 전기충격에 노출된 쥐에게 스스로 전기충격을 조절하는 방법을 학습시켰더니, 신경전달물질도 공포와 관련된 아드레날린 대신 고양감과 관련된 도파민 분비가 늘어났다. 가해지는 전기충격의 양이 같더라도, 스스로 전기충격 타이밍을 조금이나마 조절할 수 있으면 어느 정도 극복했다는 기분이 들어, 공포라는 부정적인 감정이 긍정적인 감정으로 변화한다는 것이다. 안 좋은 상황을 '스스로' 개선할 수 있다는 자기효능감은 우리의 삶에 있어서 꼭 필요한 감정이다. 인생을 돌이켜 생각해보면 어느 정도 납득이 간다.

자기긍정은 "나는 능력이 있다!"라고 믿는 자기기만적 태도를 가지면 높아진다. 자기효능감도 내가 상황을 바꿀 수 있다고(실제로는 바꾸지 못하더라도) 믿는 자기기만적 태도를 가지면 높아진다. 자기기만이 높아지면 좋은 일이 생겼을 때는 내 덕이라고 생각하고, 안 좋은 일이 일어났

때는 남 탓 혹은 우연이라고 생각한다. 이는 사회심리학에서 '귀인 이론'이라 부르며, 인간에게 보편적인 사고다.

그렇다면 좋은 일은 좀처럼 생기지 않고 안 좋은 일만 연달아 일어날 때, 우울감을 느끼지 않으려면 어떻게 해야 할까? 그럴 때는 '신'이 있다고 생각하면 좋다. 기도 덕분에 좋은 일이 일어날 거라고 믿으면 자기효능감이 생긴다. 자신의 기도가 응답받아 좋은 일이 일어났다고 자기효능감을 높이는 것이다. 만약 안 좋은 일이 연달아 생기면, 이미 눈치챘듯이 기도가 부족하다고 여기고 계속 기도하거나 지금 일어난 상황은 '신이 주신 시련'이며, 이 시련 끝에는 '축복'이 있을 거라고 생각하면 된다.

그런데 이런 태도를 계속 고수하면, 종교의 사회적 역할이 커져 종교를 부정할 수 없게 된다. "신은 그저 환상에 지나지 않는다"라고 생각하는 사람은 자기효능감이 높은 사람으로, 기도의 필요성을 아직 느끼지 못한 것일 수도 있다.

한편 현대 사회에서 기도의 가치는 퇴색되고 있고, 자기효능감이 낮은 사람들은 기도 대신 인터넷을 통해 이를 달성하려 한다. 이러한 현상은 인터넷 게임에서 쉽게 관찰할 수 있다.

정직한 사람이 '우울증'에 걸린다?

대부분의 사람은 자신의 능력이 평균 이상이라고 생각하는 경향이 있다. 그리고 이는 단순히 생각에 그치지 않고 기만행위로 나타난다. 댄 애리얼리Dan Ariely[14]가 실시한 '지능 테스트 실험'에서 절반 정도의 사람들에게는 밑에 답이 적힌 연습용 시험지를 나눠주며 스스로 채점하게 하고, 다른 절반에게는 답이 적혀 있지 않은 실전용 시험지를 나눠준 뒤 시험 감독이 채점했다. 그러자 스스로 채점한 그룹의 평균 점수가 월등히 높았다. 의도적으로 점수를 높였는지, 실수로 정답 처리했는지는 모르지만 모종의 '기만'이 있었던 것이 틀림없다.

추가 실험에서는 스스로 채점한 후 비슷한 실전문제를 풀어보게 했는데, 그때 몇 점 더 오를지 예상해보고 실제로 근접하면 보상을 준다는 조건을 제시했다. 그런데도 스스로 채점한 그룹은 자신이 채점한 점수를 기준으로 다음 시험 점수를 예상했다. 꼼수를 써서 높인 점수를 줄인 후 다음 시험 점수를 예상하는 편이 이익이 되는데도 자신의 '꼼수'를 인정하지 않았다. 그만큼 자기기만은 우리 본성에 뿌리 깊게 각인되어 있다.

그러나 자기기만에도 개인차가 있다. 그렇다면 자신의 능력을 냉철하게 평가할 수 있는 사람은 어떤 사람들일까? 연구 결과에 따르면 '우울'한 사람은 자신의 능력을 낮게 평가하는 것으로 밝혀졌다. 자신의 능력을 가차 없이 낮게 평가해버렸기 때문에 '우울'하게 된 건지, '우울'하기 때문에 자기기만이 일어나기 어려운 건지 정확히는 알 수 없으나 아마 둘 다일 것이다.

또한 '우울증'은 성별에 따라 차이가 있다. 일반적으로 여성이 남성에 비해 두 배 정도 많이 우울증을 앓고 있다. 물론 특정 인물을 성별로 구분해 우울증을 측정하는 것에 실용적인 의미는 없지만, 통계적인 관점에서는 흥미롭다. 이러한 경향이 생물학적인 관점에서 남녀의 차이를 나타내기 때문이다.

생물학적으로 암컷은 난자가 한정되어 있어 소중히 여기고, 수컷은 대량의 정자가 있어 번식하도록 진화했다. 특히 포유류의 경우 암컷이 수유나 양육에 할애하는 기간이 길기 때문에 수컷들 사이에서 암컷 쟁취 싸움이 일어난다. 싸움에서 이긴 수컷이 많은 암컷과 교배할 기회를 가지므로 한 방을 노리는 행동도 자주 나타난다. 하지만 암컷은 위험을 감수하면서까지 경쟁하는 것보다 새끼를 착실하게 키우는 것이 후손을 남기는 데 유리하기 때문에 싸움으로 얻어지는 장점은 거의 없다.

그 결과, 한 방을 노리는 행위나 기만적인 '꼼수'도 주로 남성에게서 많이 나타나게 된다. 마음의 안정을 꾀하는 자기기만도 남성이 더 많이 한다. 생물학적 관점에서 설명한다면 이러한 인지행위의 차이는 남성호르몬인 테스토스테론의 양으로 결정된다.

남성이 운 좋게 한판 승부에서 이겨 마치 침팬지 보스처럼 군림하고, 정직한 여성이 우울증에 걸려 의기소침해 있다면 굉장히 유감스러운 일이다. 나는 제도를 바꿔 자기기만이 필요하지 않은 사회를 만들고 싶다. 자기기만을 하지 않더라도 심리적으로 불안하지 않은 사회를 꿈꾼다.

현대 사회는 자기기만을 필요한 행위로 인정하는 것을 넘어 지나치게 자기기만을 장려한다. '긍정적인 생각'이라고 해서 무슨 일이든 '좋게' 생각하는 운동이 있는데, 이것은 노력의 싹을 자를 우려가 있다.

포사이스Donelson R. Forsyth팀[15]은 한 실험에서 성적이 부진한 학생들을 두 그룹으로 나누고, 한 그룹에게는 당신은 다른 사람들보다 월등하며 자기긍정감을 높인 사람일수록 성적이 올랐다는 메일을, 다른 그룹에게는 당신은 좀 더 공부해야 하며 자기효능감을 높인 사람일수록 성적이 올랐다는 메일을 지속적으로 보냈다. 그러자 전자보다 후자 그룹의 성적이 향상되었다. 이것은 '재능'을 칭찬하기보다 '노력'을 칭찬하라는 교육지도의 원칙을 뒷받침하는 결과다.

게다가 긍정적인 생각을 하는 운동이 많아지면, 자기애 경향(나르시시즘)이 정당화되고 사람들이 거만하게 굴 우려가 있다. 자기애가 극도로 높아지면 자신에 대한 비판을 공격으로 생각해 타인에게 폭력을 가하거나 자신이 좋게 평가받지 못하는 이유를 '사회 탓'으로 돌려 반사회적인 행동을 보이기도 한다.

나라면 긍정적인 생각을 하는 운동 대신 적당히 자신을 속이는 운동을 하라고 권하고 싶다. "나는 재능이 있다"고 생각하고 노력하지만, 사실은 자신의 생각이 틀린 것은 아닌지 가끔 의심해보는 것이다. 만약 틀렸을 경우, 낙심하지 말고 나에겐 다른 재능이 있다고 생각하며 다른 분야에 도전하도록 노력해보자.

(칼럼 8) 칭찬받는 것이 두려운 임포스터

일본에서는 "학생의 학력은 칭찬해서 기른다"라는 말을 자주 듣는다. 그런데 오히려 성적이 좋은 학생 중에 칭찬을 들으면 불안해하는 경우가 있다. 그런 학생은 좋은 성적은 자신의 실력이 아니고, 운이 좋았을 뿐이라고 생각한다.

자신은 그저 '할 수 있는 척'을 하고 있다고 생각하는 이 증상은 '임포스터impostor(사기꾼) 현상'으로 불리며, 언제 '할 수 있는 사람'이라는 가면이 벗겨질까 전전긍긍하며 불안해한다. 사실은 '가능성 있는 사람'인데도 스스로를 의심한다.

임포스터는 재능을 발휘하고 충분히 활약할 수 있는 기회가 와도 거절해버린다. 스스로가 부족하다고 생각하기 때문이다. 그러나 주변 사람들은 좋은 기회를 거부하는 이유를 알지 못하기 때문에 때론 인간관계에서 오해를 살 수 있다.

임포스터 현상은 일본에서 흔히 볼 수 있는데, 대개 '겸손의 미덕'으로 비친다. 겸손의 미덕은 능력이 좋은 사람이 집단 분위기를 흐리지 않으려 애써 못하는 척하는 모종의 자기기만이다. '할 수 있는 사람'인데도 '못하는 척'한다면 그다지 큰 스트레스를 받지 않겠지만, 잘못된 자기기만을 자각하지 못한다면 문제가 생긴다. '못하는 척'이 '진짜 못한다'라는 인식으로 바뀌면서 임포스터 현상을 겪을 수 있기 때문이다.

자기긍정의 기만이 무의식적으로 긍정을 확대시키면 실력 없는 나르시시스트가 될 우려가 있다. 그 반대로 '겸손의 미덕'이라는 자기부정의 기만이 무의식적으로 세뇌되고 확대되면 임포스터가 될 위험이 있다. 어느 쪽이든 적당한 자기기만이 중요하다. 스스로를 너무 자책하지 말고 어느 정도 자기기만을 하자. 혹은 평소에는 자기기만을 하지 않더라도, 반성할 때만이라도 자기기만을 할 줄 아는 유연한 삶의 태도가 필요하다.

친절은 평판을 쌓는 수단

앞에서 많은 사람이 자신을 평균 이상으로 친절하다고 생각한다는 점을 지적했다. 이번에는 친절함을 중심으로 자기기만이 페이크를 낳는 과정을 살펴보자.

우선 친절의 기원은 수렵채집 시대에서 유래했다. 이 시대에는 주변 사람들을 돕는 친절은 협력 활동에 필수 조건이었다. 기본적으로 주위 사람들은 동료이기 때문에 내가 누군가를 돕는 반면 자신도 누군가에게 도움받을 수 있다. 서로를 돕는 행위는 협력 집단의 작업 효율을 높여 집단 모두가 살아남는 데 크게 공헌했다. 도움만 받고 다른 사람을 돕지 않는 행동은 협력관계 안에서 '무임승차'에 해당한다. 인류는 무임승차하는 사람을 제외하고, 집단의 규율이나 규칙을 지켜나갔다.

반면 현대 사회는 인구가 늘면서 상황이 달라졌다. 긴밀한 협력 집단은 줄어드는 대신 파트너십을 맺는 형태가 많아졌다. 그동안 같은 집단에 속한 사람은 신뢰할 수 있다는 협력관계에서 개별적으로 사람을 판단할 필요가 생겼다. 과거에 함께 일한 경험이 있는 사람이라면 상관없지만, 완전히 처음 만나는 사람과 파트너십을 맺으려면 어떻게 해야 할까? 어쩌면 처음에는 친절해 보여도 나중에는 도움만 받기를 원하는, 타인의 노력에 무임승차하는 사람일지도 모른다.

이때 평판이 신뢰에 영향을 끼친다. 예를 들어 A의 도움을 받은 B는 친구 C에게 "A는 나에게 큰 도움을 주었고 특별히 신뢰하는 사람"이라고 소개한다. 그러면 C는 A는 신뢰할 수 있는 사람이니, 함께 일하면 좋겠다고 생각한다. 그러다 C가 A를 자신의 친구인 D에게도 소개하면 A의 평판은 점점 높아지게 된다.

수렵채집 시대처럼 직접적인 도움이 적어지고 있는 현대에는 평판을 통한 간접적인 도움이 중요하다. A는 B를 도왔지만, B는 A에게 보답할 기회가 없어도 A의 평판을 높임으로써 친구인 C나 D가 A를 도울 기회를 갖게 된다.

한편 평판을 통해 페이크가 생길 수 있는 여지가 있다. 친구의 소개라면 믿을 수 있지만, 낯선 사람의 소개라면 그다지 믿을 수 없는 정보일 가능성이 있다. 낯선 사람의 정보는 아예 듣지 않는 편이 좋지만, 현실적으로

는 어렵다.

현대 사회에서는 새로운 일들을 다양하게 기획한다. 새로운 일이 많은 만큼 비즈니스 기회가 늘게 된다. 새로운 일에 필요한 정보는 기존 친구들만으로는 충분히 얻을 수 없다. 친구는 일반적으로 비슷한 지식을 가진 경우가 많기 때문에 친구들에게서 얻을 수 있는 정보는 한정적이다. 이러한 이유로 낯선 타인에게 정보를 얻고,

'평판이 좋은 사람'과 파트너십을 맺으려 한다. 하지만 '평판'에 따라 페이크가 생겨난다. '무임승차자'가 자신의 실태를 숨기고 구축한 '가공의 평판'일지도 모른다.

과거에는 많은 사람에게 친절하게 대하고 평판을 높인 후 '무임승차'하는 일이 인간관계의 한 방법이었는데, 이는 꽤 수고스러운 일이었다. 그런데 오늘날에는 SNS를 통해 부담 없이 자기어필이 가능하다. 누구나 자신의 정보를 '과장'해본 경험이 있을 것이다. SNS에서는 조금만 노력하면 누구라도 '친절하고 평판이 높은 사람'으로 보일 수 있다.

앞 장에서 언급한 '언어에 따른 단순화'의 문제와 맞물려 현대 정보 매체에서는 마치 객관적인 평판이 있는 것처럼 자신을 어필하는 방법이 늘고 있다. 인터넷상의 매칭 사이트는 소비자가 신뢰할 수 있도록 평판을 쌓기 위해 노력하고 있지만, 페이크를 배제할 대책은 충분히 마련하고 있지 않다. 따라서 파트너십을 맺을 경우에 페이크일 가능성도 포함해 고려해야 한다. 상대의 평판을 곧이곧대로 받아들이지 말고 상대의 실체를 단계별로 확인해보자.

SNS의 승인 욕구

이번 장에서는 일상생활에서 적당한 자기기만이 필요하다고 이야기했다. 전통적인 협력 집단에서 신뢰를 얻기 위해서는 자기긍정감을 높이고, 집단의 허락을 구할 필요가 있었기 때문이다. 그러나 현대 사회에서는 이러한 전통적 협력 집단이 점차 사라지고 있다. 그런데도 우리의 신뢰를 바라는 감정과 욕구는 여전히 그대로다.

이러한 상황 속에서 SNS는 현대적 소통의 장이며, 현대인들의 안심하고 싶은 감정과 인정 욕구를 충족시키는 공간이 되고 있다. '좋아요'를 많이 받거나 많은 팔로워가 생기면, 정보 발신에 따른 자기긍정감이 높아진다. 그런데 아무리 숫자가 늘어나도 협력 집단의 구성원으로 인정받은 것은 아니다. 다만 인정받은 것 같아 승인 욕구가 일시적으로 해소될 뿐이다.

기존의 미디어도 인정받고 싶은 정치인과 전문가들의 페이크 발언을 보도해왔다. 하물며 일반 시민들이 거리낌 없이 참여 가능한 현대의 정보 미디어에서 이러한 페이크가 없다는 것은 말이 안 된다. 그러므로 정보의 출처를 찾아보고 거기에 자기어필이나 인정 욕구가 숨어 있지 않은지를 판단해야 한다. 또한 스스로 정보를 발신하는 경우에는 정밀하게 분석한 후 오해가 생기지 않도록 표현하려는 태도가 중요하다.

그렇다면 이른바 '전문가'가 자기어필을 위해 '거짓 발언'을 하고 있는지는 어떻게 확인해야 할까? 다음 5장에서는 이에 대한 과학적인 방법을 모색하고 해결방법을 논의해보자. 다만 다양한 논의를 선택할 때 이번 장에서 이야기한 것처럼 우리의 숨겨진 심리적 동기가 영향을 주기 쉽다(6장)는 점을 염두에 두어야 한다. 그리고 때로는 가공의 협력 집단에서 비롯한 동료의식이 가짜 뉴스의 확대를 가져오는 경우(7장)도 있다. 책의 후반부로 갈수록 점점 페이크의 실체가 밝혀질 것이다.

5장

과학의 신뢰를 이용한 페이크:
미래 예측의 한계

전후 비교의 함정

벌써 10년 전의 일이다. 같은 학회 소속의 선배 연구자
가 '휴식에 최적화된 침대'를 소개하는 글이 한 잡지에
실렸다. 뇌파 연구자인 선배는 기업이나 언론의 의뢰를
거절하지 않고 적극적으로 활동하는 과학자다. 하지만
안타깝게도 그 잡지 광고는 기업이 과학자의 권위를 이
용한 대표적인 사례 중 하나였다. 광고는 선배 연구자가
대학교수이자 공학박사라는 사실을 강조하면서 권위
있는 과학자가 해당 침대를 추천한다는 뉘앙스를 풍기
고 있었다.

　이는 1장에서 언급한 정보 전달자의 외견이나 직함
으로 정보를 판단하고 쉽게 믿어버리는 경우에 해당한
다. 게다가 이 잡지 광고는 실험을 통해 얻은 결과를 근
거로 삼아 '이완 효과'를 홍보했다. 이것은 과학의 신뢰

를 이용한 페이크다. 광고에서 주장한 근거는 상승한 알파파 그래프였다. 실험자가 침대에 눕자 알파파 그래프가 올라간 것이다. 일반적으로 알파파는 신체가 휴식을 취할 때 나타나는 뇌파로, 이완 상태를 알아보는 데 많이 이용된다. 여기까지는 아무런 문제가 없다.

하지만 데이터 측정 기준이 '전후 비교'라는 점은 문제가 된다. 침대에 눕기 전과 누운 후를 비교한 그래프는 마치 '이 침대를 써야 좋다'라는 식의 광고이기 때문

휴식에 최적화된
편안한 침대

이다. 사실 이것은 '과학적이지 않은 판단'인데, 정확히 말하자면 '과학의 신뢰'를 이용한 페이크다. 나도 알파파를 측정한 경험이 있다. 사실 알파파는 자세와 상관없이 가만히 10분 정도 심호흡만 해도 올라간다. 즉, 굳이 침대에 눕지 않아도 휴식만 취하면 알파파 수치는 상승하는 것이다.

또한 전후 비교는 다른 요인의 영향을 배제할 수 없기 때문에 과학적이라고 말하기 어렵다. 좀 더 정확한 실험을 위해서는 기존에 판매되고 있는 다른 침대와 비교해야 한다. 실험은 비슷한 알파파 그래프를 형성하는 실험자들을 모아 한 실험자에게는 해당 침대를 써보게 하고, 다른 실험자에게는 기존 침대를 써보게 한 후 알파파의 변화를 비교해보는 것이다.

이런 방식의 비교 실험이 아닌 데이터는 과학적인 근거가 약하기 때문에 평가 기준으로 삼으면 안 된다. 실험자들의 개인차를 줄이기 위해 몇 명의 실험자를 묶어, 한 실험군은 새롭게 출시된 침대에 누워 측정하고, 다른 실험군은 기존 침대에 눕혀 측정한 후 통계적으로 분석하는 것도 좋은 방법이다. 학계에서는 이런 무작위 대조 실험을 자주 진행한다.

일류 과학자인 선배는 최선을 다해 언론과 기업의 요구에 맞게 실험을 진행했지만, 안타깝게도 기업의 장삿속에 이용되고 말았다. 과학자들이 언론과 기업에 좀 더 영리하게 대응하면 좋으련만 연구에만 집중하다 보니 일일이 신경 쓰기 어려운 것이 현실이다. 이번 장에서는 과학의 명성을 남용하는 페이크의 실상과 배경을 파헤쳐보고 대처방안을 모색해보자.

어떤 상품을 추천하거나 자신의 주장을 내세울 때는 과학적인 인상을 주는 것이 효과적이다. "건강한 80세 이상 노인들의 건강 비결은 아침 산책"이라는 기사 제목만 봐도 그렇다. 원래는 단순히 노인들의 생활을 조사한 것인데, 기자가 편집 과정에서 조사 결과를 "건강하게 장수하기 위해서 '아침 산책'을 합시다!"라고 바꿨다. 사실 건강한 노인들이 아침 산책을 하는 것은 전혀 이상하지 않다. 다리가 튼튼한 노인이 다리가 아픈 노인보다 자유롭게 산책할 수 있기 때문에 '아침 산책' 빈도가 높은 것은 당연한 결과다.

자신은 아직 젊기 때문에 '노인들의 건강 비법' 같은

기사에 속을 일은 없다고 생각하는 독자가 있다면 다음 사례를 생각해보자. 자격증 시험을 앞두고 아무런 문구가 없는 참고서와 "합격자 80퍼센트가 공부한 책"이라고 쓰인 참고서를 발견하게 된다면, 다수의 합격자가 봤다는 책을 사고 싶을 것이다. 그리고 왠지 모르게 자신도 쉽게 자격증 시험에 붙을 수 있을 것 같은 생각이 든다. 실제로 위의 사례는 일본에서 경품 표시법 위반으로 적발되었다. 당시 일본 정부는 출판사에 해당 문구의 근거를 요구했지만, 처음부터 합격자 조사는 이루어지지 않았다. 출판사는 아무 근거도 없이 적당히 80퍼센트라는 숫자를 내걸었던 것이다.

여기서 주목하고 싶은 사실은 합격률 80퍼센트라는 근거 여부가 아니다. 만약 합격률 80퍼센트가 맞더라도 우리가 주목해야 하는 점은 "이 참고서로 공부하면 시험에 합격하기 쉽겠다"라는 착각이다. 만약 불합격자를 대상으로 조사한 결과, 80퍼센트가 해당 참고서로 공부했다면 어떨까? 이 참고서로 공부하더라도 딱히 합격 여부와는 상관없다고 판단할 수 있다. 그냥 유행처럼 모두가 사는 책일 뿐이다.

과학적인 데이터를 얻기 위해서는 합격자와 불합격자를 나눠 조사하고, 비교를 통해 결과를 도출해야 한다. 이번 장에서는 올바른 비교 실험을 바탕으로 과학을 이해하고, 주의를 기울여야 하는 이유에 대해 알아본다. 오히려 과학적인 조사라는 말에 쉽게 속아 넘어갈 수 있기 때문이다.

과학은 패턴을 분석해 미래를 예측한다

과학은 문명 발전의 원동력이다. 농업과 공업은 과학으로 지탱되고, 문명은 농업과 공업 발전을 계기로 싹을 틔울 수 있었다. 인류가 이렇게 번성할 수 있었던 계기도 안정적인 식량 확보와 의학 발전을 통한 건강관리 덕분이다. 어쩌면 사람들이 과학을 신뢰하는 것은 당연하다. 하지만 지나친 신뢰는 문제가 된다. 과학의 한계를 고려하고 적절한 대응이 필요하다. 좀 더 올바른 시각으로 과학을 이해하려면, 우리가 어떻게 과학적인 사고방식을 구축했는지 알아야 한다.

그 시작은 수렵채집 시대로 거슬러 올라간다. 이전 장에서 수렵채집 시대의 인류는 식량을 확보하기 위해 서로 협력하며 살았다고 설명했다. 채집 대상은 주로 나무에서 열리는 열매와 뿌리채소였다. 열매와 채소가 적당히 익으면 여럿이서 채집에 나섰다. 열매는 멀리서 봐도 익은 정도를 알 수 있지만 감자 같은 뿌리채소는 땅속에서 자라기 때문에 적절한 시기에 캐기 어렵다.

그러나 몇 번의 성공과 실패를 거듭하면 규칙적인 패

감자는 언제 캐는 것이
제일 좋을까?!

턴을 찾을 수 있다. 예를 들어 어떤 품종의 감자는 꽃이
피고 줄기가 마른 후 사흘쯤 지났을 무렵에 수확하면 맛
있다는 규칙을 발견한다. 물론 감자의 품종이나 날씨에
따라 어느 정도 변수는 있지만 신뢰할 만한 규칙이다.
또 절반만 수확하고 나머지는 나중을 위해 남겨두는 지
혜도 생긴다. 이런 지혜는 협력 집단의 자산이 된다. 막무가내로 수확한 집단은 식량을 안정적으로 공급하지 못하고 멸종된다. 하지만 지혜로운 집단은 계속해서 안정적으로 식량을 확보한다. 우리는 지혜로운 집단의 후예다.

이처럼 과학은 경험을 통해 일정한 패턴을 찾아내고, 미래를 예측해 생존 가능성을 높인다. 확실한 패턴을 발견하는 것은 인류에게 큰 지혜가 된다. 오랜 세월을 통해 검증된 지혜는 집단 모두가 믿는 상식이 된다.

그렇다면 어떤 지혜가 유용할까? 인류에게는 미래를 예측하는 지혜가 절실했다. 예를 들어 어느 지역에서 감자를 재배한다고 가정하자. 그 지역은 전통적으로 한 밭에서 감자와 다른 식물을 함께 심는데, 그 식물에서 붉은 꽃이 피면 감자를 수확하기에 가장 좋은 시기라는 패턴을 발견했다. 그러면 그 지역 사람들은 "붉은 꽃이 필 때, 감자를 캐라"는 지혜를 계승했을 것이다.

이번에는 그 지역 사람들이 사냥감을 찾아 다른 지역으로 이동하게 되었다고 가정하자. 새로 정착한 곳에는 감자는 있는데 그 식물이 없다면 붉은 꽃으로 감자 수확 시기를 예측하던 지혜는 한순간에 무용지물이 된다. 하지만 이런 사실을 알아채지 못하면 스스로 '붉은 꽃' 페이크에 속아 넘어가게 된다.

미래 예측 말고도 미래를 통제할 수 있는 지혜는 생존을 더욱더 유리하게 만든다. "감자 잎에 빛이 닿으면 감자가 잘 자란다"라는 사실을 알게 된 사람은 밭이 그늘지지 않도록 돌을 치워 더 큰 감자를 수확하려고 노력하기 마련이다. 오늘날 우리는 잎의 엽록체가 빛 에너지를 통해 양분을 만든다는 사실을 알고 있지만, 그 당시에는 인류에게 '도움이 되는 지혜'면 유용했기 때문에 "태양신이 감자 잎을 축복하면 감자가 커진다"라고 해도 도움이 되었다. 미신처럼 보이는 지혜라도 우리 조상들의 경험을 통해 얻은 결과(혹은 배우고 익힌 규칙이나 패턴)이기 때문에, 무조건 페이크라고 단정 짓는 것은 바람직하지 않다.

위에서 설명한 대로 과학은 생활에 유용한 지혜를 통해 만들어졌다. 그러므로 '과학적 지혜'를 '과학의 탈을 쓴 가짜'라고 생각하고 미래를 예측하거나 통제할 수 있느냐는 질문을 통해 판단하는 것이 좋다. 이것이 과학적 사고의 본질이다.

과잉 생산된 이론

경험을 통해 발견되는 패턴은 여러 번의 확인과 증명을 거쳐 '법칙'이 된다. 하지만 실제로 이론은 오랜 기간 불확실의 단계를 거친다. 확인까지는 상당히 긴 시간이 필요하기 때문이다. 과학계는 불확실한 단계의 패턴을 '가설'이라고 부르고, 확실하다는 가능성이 조금이라도 생기면 '이론'이라고 부른다. 즉, '이론'은 조금 불확실한 상태부터 꽤 확실한 상태까지 다양한 확실성을 포함한다. 이론에 따른 다양한 확실성은 페이크가 만연하는 원인이 되기도 한다. 다시 한 번 감자 재배의 예를 생각해보자.

우선 어떠한 패턴도 찾으려 하지 않는 사람은 이론과 상관없이 감자를 캔다. 하지만 매번 감자 수확을 운에 맡길 수밖에 없다. 반면 이론을 갖고 감자를 수확하는 경우는 (이론의 정확도를 떠나) 운에 맡긴 상태로 수확한 정도나 그 이상의 수확물을 얻는다. 운에 맡긴 수확보다 이론에 따른 수확이 결과가 더 좋기 때문에 사람들은 점점 더 이론에 신경을 쓴다. 이러한 이유로 여러 이론이 공존하게 된다. '줄기가 시들고 사흘 후', '붉은 꽃이 피었을 때', '동쪽 하늘에 별똥별 세 개가 떨어졌을 때' 등이다. 이런 이론들은 추후에 검증 작업을 통해 우열이 가려진다. 가령 "별똥별 세 개가 떨어져 땅을 파봤지만, 큰 감자를 얻지 못했다"라는 이론은 곧 경험을 통해 신뢰하기 어렵다고 판단된다.

물론 이런 검증 작업은 간단하지 않다. 앞서 말했듯이 '붉은 꽃이 피었을 때'라는 조건은 지역과 기후에 영향을 받기 때문에 그 이론이 다른 지역에서도 통한다고 장담할 수는 없다. 또한 매년 감자 수확이 가능해도 갑자기 지진 같은 자연재해가 일어나면 검증할 수 없다. 반대로 동쪽 하늘에서 별똥별 세 개가 떨어지면 지진이 일어난다는 이론이 있어도 이를 반증할 기회는 좀처럼 오지 않는다. 이런 이유로 동시에 많은 이론이 공존하게 되는 것이다.

이론은 원래 신뢰도에 따라 우열이 가려진다. 그리고 과학은 우열 판단의 단서를 모아 데이터로 만들고 공개하기 때문에 더 좋은 이론을 선택하면 된다. 하지만 이런 사실은 좀처럼 일반 시민들에게 와닿지 않는다. 우리는 이론의 우열을 과학적 단서로 가늠하기보다 더 쉬운 방법을 택하고 있다. 바로 '쉽게 이해하고 간단하게 활용할 수 있는 이론'이다. 그런데 이 이론은 종종 문제를 일으킨다. 예를 들어 '엽록체의 양분 생성 과정'과 '태양신의 축복'이라는 이론을 비교해보면 후자가 이해하기 쉬우므로 양쪽 다 감자의 성장을 예측한다면 '이해하기 쉬운 이론'이 선호되기 때문이다.

한편 이번 장에서 언급한 '아침 산책'이나 '참고서'의 예는 '활용 가능한 이론'이 확대 해석을 야기할 수 있다고 간접적으로 알려준다. '아침 산책'을 한 원인과 나이가 들어도 건강하다는 결과, 그리고 특정 참고서로 공부한 원인과 시험에 합격한다는 결과는 제멋대로 인과관계를 확대 해석하고 있다.

본래 인과관계를 나타내는 이론은 신뢰도를 판단한 후, 미래에 좀 더 도움되는 이론을 선택하는 편이 좋다. 다시 말해 '아침 산책'을 하는 사람과 하지 않는 사람의 건강 상태를 비교하고, 해당 참고서로 공부한 사람과 다른 참고서로 공부한 사람의 합격률을 비교하면 이론의 타당성을 입증할 수 있다. 그러나 개인이 일일이 비교 실험을 진행하는 것은 불가능하기 때문에 이미 '판명된 이론'이라 믿고, 잘못된 인과관계를 따라 '아침 산책'을 시작하거나 '참고서'를 사버린다.

인류는 생활을 개선하기 위해 점점 이론을 만들고 확인하게 되었다. 그러나 이론을 입증하는 과정은 긴 시간과 많은 타협이 요구되기 때문에 일반 시민들은 이론이 제대로 입증되었는지 확인하기 어렵다. 이러한 이유로 마치 입증된 이론이라고 오해하게 만드는 상황이 만연하게 된 것이다.

(칼럼 9) 왜 차멀미가 나면 구토를 할까?

나는 어렸을 때 차멀미가 심해 10분 정도만 차를 타도 멀미가 났다. 그럴 때마다 차에서 내려버리거나 심한 경우 구토를 해서 차 안을 더럽힌 적도 종종 있었다. 그런데 우리는 왜 멀미를 하면 구토가 쏠릴까? 차멀미와 구토 사이에는 어떠한 상관관계가 있을까? 결론부터 말하면 구토를 하는 이유는 신체가 "독을 먹었다"고 착각하기 때문이다. 차멀미는 속도 변화에 따라 몸이 흔들리면서 신체의 평형감각이 무너지게 되는 현상이다.

평형감각의 혼란은 독을 섭취했을 때도 일어난다. 실제로 복어 독을 섭취하면 '마비'와 '구토'가 일어난다. 인류는 독에 대한 방어반응으로 구토를 하도록 진화했다. 이런 방어반응은 독을 먹어(원인) 평형감각이 무너지게 된 것이기 때문에(결과), 구토를 하면(원인) 독이 배출되어 낫는다(결과)는 인과관계를 갖는다. 이것은 진화 과정에서 발견된 우연한 인과관계인데, 위의 예시는 인과관계의 중요성을 잘 나타내는 사례다.

하지만 독에 대한 방어반응은 문명 시대에 자동차가 발명되면서 골칫거리로 전락했다. 불필요하게 멀미를 하고, 구토가 쏠려 문제가 된다. 만약 옛날부터 자동차가 있었다면 불필요한 구토는 하지 않도록 진화했을지도 모르지만, 차멀미가 심한 사람들은 괴롭기 짝이 없다. 현대 사회에서는 차를 타더라도 평형감각이 흐트러지지 않도록 어느 정도 훈련해야 한다. 나는 운전면허를 취득하면서 어느 정도 평형감각이 훈련되었고, 이후에는 차멀미를 하는 일이 없어졌다. 문명 사회의 생활 환경은 이전 사회와 큰 차이가 있어, 오히려 진화하면서 갖게 된 능력 때문에 불편함을 느끼는 경우가 많다. 우리는 이성적으로 추론하고 대응할 수 있는 훈련을 쌓아야 한다. 그중 하나가 페이크에 대처하는 비판적인 이성이다.

확증 편향이 신앙을 깊게 만든다

우리 인류는 수많은 이론을 만들고 선택하면서 발전했다. 가치 있는 이론은 미래를 정확하게 예측하고, 다양한 상황에서 활용할 수 있는 보편성이 있어야 한다. 가치 있는 이론을 찾기 위해서는 검증 과정을 거쳐야 하는데 과학 분야에서는 관찰이나 실험, 조사, 분석방법이라는 형태로 발전되었다. 이번 장에서 언급한 무작위 대조시험도 그중 하나다. 하지만 일반 시민이 독자적으로 이론을 검증하는 과정을 거치면 오해가 생기기 쉽다. 애초에 이론을 올바르다(확증)고 증명하기 위해 데이터를 모

으기 때문이다. 이것을 '확증 편향'이라고 한다.

앞에서 언급한 신제품 침대의 이완 효과를 생각해보자. 침대의 효과를 알아보기 위해 사용 전후의 뇌파를 측정하는 실험이 진행되었다. 원래는 해당 침대를 쓰지 않았을 때 이완 효과가 없다는 반증도 확인해야 하는데, 이러한 부분은 무시되기 일쑤다. 반증보다는 확증을 훨씬 중시하기 때문이다. 그 증거로 '웨이슨Peter Cathcart Wason의 246과제'[16]가 있다. 이 과제는 '어떤 숨겨진 법칙'을 찾아내는 퀴즈이며, 처음 '2-4-6'은 이 법칙을 충족시킨다고 제시된다. 이 퀴즈를 푸는 사람은 적당히 순서대로 세 숫자를 입력해서 법칙이 맞는지 확인할 수 있고, 열 번 정도 질문을 거쳐 법칙을 추측한다.

나도 이 프로그램을 만들어 학생들에게 문제를 풀게 해봤다. 많은 학생이 열 번도 안 돼서 법칙을 찾았다며 각각 다른 법칙을 발표했다. '3-6-9', '4-8-12'로 입력한 학생은 3의 배수, 4의 배수로 늘어난다고, '3-5-7'로 입력한 학생은 2씩 늘어난다고 주장했다. 그중에 '1-4-7', '1-5-9'로 입력한 후, 등차수열이라고 주장하는 학생도 있었다. 하지만 학생들의 주장은 전부 틀렸다. 자신이 입력한 값이 법칙에 충족된다고 착각해서 자신이 세운 가설을 확증하고 잘못된 신념을 가졌다.

246과제의 진짜 정답은 '단순히 증가하고 있는 수열'이다. 이전 숫자에 1만 더해도 규칙은 성립된다. 나는 법칙을 찾았다고 손 든 학생들에게 "법칙이 충족되지 않는다"는 답변을 몇 차례 받았는지 물었다. 초반에 손 든 학생 대부분이 "법칙이 충족되지 않는다"는 답변을 한 번도 받지 않았다고 말했다. 나는 "아마 그 법칙은 틀렸을 것이다"라고 이야기하고, "법칙이 충족되지 않는다"라는 답변을 다섯 번 이상 받은 학생이 나타날 때까지 기다렸다. 다섯 번 이상 "법칙이 충족되지 않는다"라는 답변을 들은 학생이 나타났을 때, 나는 "학생이 찾은 법칙이 정답입니다. 정답은 뭘까요?"라고 물어봤다. 그 학생이 정답을 말하자 교실 전체에 "당했다! 1만 더해도 정답이라니"라는 반응이 터져 나왔다.

246과제의 "법칙을 충족한다"라는 답변은 확증인 데 반해 "법칙이 충족되지 않는다"라는 답변은 반증이다. "2의 배수, 3의 배수로 증가한다"라는 가설을 세운 시점에 반증인 '1-3-5'를 입력해야 한다. 만약 "법칙을 충족한다"라는 뜻밖의 답변을 받으면, 무엇인가 이상하다는 것을 눈치채고 정답을 맞힐 수 있다. 그런데 일반적으로 인간은 반증하고 싶어 하지 않는다. "법칙이 충족되지 않는다"라는 대답은 실패했다는 느낌을 주기 때문에 무의식적으로 피하게 된다.

그렇다면 인간은 왜 실패를 두려워할까? 옛날부터 인류는 한 번의 실패로 생사가 갈리는 험난한 환경에서 진화해왔다. 실패를 두려워하지 않고 도전하다 보면 일찍 죽는다. 그런 환경에서 살다 보면 실패를 두려워하는 감정이 생기는 것은 당연하다. 그러나 문명 시대에는 한 번의 실패 때문에 생사가 갈리는 상황은 거의 없다(칼럼 2 참고). 오히려 비즈니스 업계에서는 실패를 두려워하지 말고, 계속해서 도전하는 것이 성공의 비결이라고 이야기한다. 현대 사회에서는 실패가 어느 정도 용납되며, 실패를 두려워하는 감정은 오히려 불리하게 작용한다.

실패는 앞의 4장에서 언급한 자기기만과도 깊이 관련되어 있다. 실패를 거듭하다 보면 열등감이 생기고 자신이 초라하게 느껴져 소속 집단에서 자신을 뽐내기도 어려워진다. 그러다 보니 작은 성공만 추구하고 큰일에 도전하는 것을 망설이게 된다. 게다가 인간은 자신과 비슷한 의견을 찾고 안심하는 경향이 있다. 이런 경향이 두드러진 사람은 대개 실패를 두려워하고 자신감이 없다. 그리고 이런 부정적인 감정은 가짜 뉴스를 확산시키는 원인이 되기도 한다. 실패를 두려워하는 사람은 인터넷 커뮤니티 활동에만 의존하지 말고, 다시 재기할 수 있다는 사실을 되새기며 자신감을 키워야 한다.

(칼럼 10) **신뢰할 수 있는 AI란?**

최근 AI(인공지능)는 대량의 데이터를 토대로 높은 성능을 자랑한다. 그러나 데이터를 토대로 하고 있기 때문에 AI의 신뢰도에 우열이 존재한다는 사실은 잘 알려져 있지 않다.

수업 중에 나는 가끔 학생들에게 "AI의 지능은 인류를 넘어설까요?"라는 두려움 섞인 질문을 받는다. 그러면 나는 AI의 어떤 부분이 인류보다 월등할 것이라고 생각하는지 되묻는다. 우선 신체능력을 생각해보면, 오토바이는 인간보다 빨리 달리고, 굴삭기는 인간보다 땅을 더 잘 판다. 드론의 비행 실력은 이미 인간보다 월등하다. 기계의 일부 성능이 인간보다 뛰어나다고 해서 크게 우려할 필요는 없다. 기계는 사람이 얼마든지 제어할 수 있기 때문에 성능이 좋으면 이용하면 된다.

AI가 인류보다 똑똑한 이유는 대량의 데이터를 이미 가지고 있거나 언제든지 가질 수 있기 때문이다. 대량의 엑스레이 촬영 데이터를 통해 암을 발견하거나, AI가 사람을 상대로 바둑을 두기도 한다. 전에 열린 바둑대회를 보면 데이터를 이용해 수를 두는 AI는 이미 상당히 높은 수준에 도달해 있음을 알 수 있다. 그러나 편중 없이 대량의 데이터를 얻을 수 있는 분야는 그리 많지 않다. 게다가 AI 개발은 아주 손이 많이 가기 때문에 개발 비용에 문제가 생기기 쉽다. 특정 기업이 개발한다면 그 기업의 의도대로 AI가 만들어진다. 기업에 유리한 데이터로만 만들어진 AI는 잘못된 근거로 "이 상품의 성능은 좋다"라고 판단할 수 있다.

향후 AI 기술이 발전하면 다양한 AI가 공존할 것이다. 그러면 같은 질문에도 각각 다른 답변을 제시하는 AI들이 존재하게 된다. 그때 판단에 중요한 단서가 되는 것이 "누가, 무엇을 위해, 이 AI를 개발했는가?"라는 질문이다. 이러한 AI의 한계를 이해한다면, 인류가 특정 AI에 지배당할지도 모른다는 걱정은 하지 않아도 된다.

나는 오히려 과학의 신뢰도를 판단하는 AI의 개발이 기대된다. 과학은 경험을 통해 얻은 데이터로 이론을 구축하고, 예측 결과에 대한 확증과 반증의 조사와 실험을 진행한다. 분석 결과를 통해 이론의 신뢰도가 판가름 난다. 이런 과정은 논문을 통해 공개되기 때문에 논문 데이터를 AI에 넣어 정리해보면, 그럴싸해 보이는 엉터리 이론도 정확하게 평가할 수 있다. 전 세계 과학자들의 지혜를 모아 이런 AI가 만들어진다면 시민들이 직접 정보의 신뢰도를 확인하고, 스스로 거짓 정보인지 아닌지 판단할 수 있는 시대가 열릴 것이다.

인간 사회의 약점

수렵채집 시대의 협력 집단은 서로 가지고 있는 정보가 비슷했다. 집단이 살아가는 데 필요한 노하우는 공유되고, 룰에 따라 행동하며, 함께 생존하는 사회였다. 이런 환경은 집단 구성원이 규율이나 규칙을 잘 따를 수 있게 만든다. 스스로 법칙을 찾지 않고 주변 사람을 따라 하기만 해도 살아남을 수 있었다. 아무 생각 안 하고 주변 분위기에 맞춰서 행동하면 되니, 어찌 보면 살기 편한 사회였을 것이다.

침팬지 연구자인 빅토리아 호너Victoria Horner는 한 실험[17]을 통해 인간이 침팬지보다 주변에 맞춰 행동하는 경향이 월등히 높다는 것을 증명했다. 그녀는 두 개의 구멍이 뚫린 검은 상자를 준비했다. 한쪽 구멍에는 음식을 넣고, 다른 구멍 위에는 장식을 달았다. 그리고 막대기를 이용해 상자 안에 있는 음식을 먹는 모습을 어린아이와 침팬지에게 보여주었다. 처음에는 구멍 위의 장식을 막대기로 제거하고, 구멍 안쪽을 막대기로 쿡쿡 찌른 후, 다른 구멍에 막대기를 넣어 음식을 꺼냈다. 이를 본 아이들은 그대로 따라 하며 음식을 꺼냈다. 침팬지도 막대기 조작은 조금 어색했지만, 순서대로 따라 한 후 음식을 꺼냈다. 그 후 본격적으로 실전 실험에 들어갔다.

다음 실험에서 호녀는 똑같은 구조지만 검은 상자가 아닌 투명한 상자를 준비하고 침팬지에게 전과 동일한 조건의 실험을 진행했다. 그러자 침팬지는 이전의 순서를 무시하고, 음식이 있는 쪽의 구멍에 막대기를 꽂아 음식을 꺼냈다. 사실 장식을 제거하고 구멍의 안쪽을 찔러보는 '의식'은 불필요하며, 곧장 음식이 있는 쪽의 구멍에 막대기를 넣으면 언제든지 음식을 꺼낼 수 있다. 투명 상자의 경우, 속임수가 일목요연하다. 반면 아이는 침팬지와 달리 투명 상자로 실험을 진행해도 검은 상자 때와 같은 행동을 반복한 후 음식을 꺼냈다. 이 실험 결과는 신념의 편중을 보여준다. 인간은 음식을 꺼내기 전의 의식들이 음식을 꺼내는 것과 무관하다고 인지해도, 시범을 통해 배운 '의식'도 필요하다고 생각한다. 물리적 인식보다 사회적 인식을 우선시하는 것이다.

이 점은 과학의 탈을 쓴 페이크의 만연과 깊이 관련되어 있다. 수상한 정보라도 그 정보를 진지하게 추천하는 사람이 주변에 있으면, 그 신념에 쉽게 동조해버린다. 과학적인 사고를 통해 그 정보가 거짓이라는 생각이 들어도 주변 사람들이 그 정보를 옳다고 믿는다면 어느 정도 영향을 받게 된다. 인간은 동조 행동을 취하면서 협력 집단을 형성하고 집단의 규칙을 유지한다. 그런데 이러한 경향 때문에 우리 사회에 근거가 약한 거짓 정보가 만연하게 된다.

수렵채집 시대에 미신만 믿었던 집단은 현실 변화에 대응하지 못하고 멸종해버렸다. 법칙을 찾는 사람이 존재하고, 그 법칙을 소중히 여기는 사회가 지속되었기 때문에 오늘날의 문명이 만들어졌다. 그러나 역설적이게도 고도의 정보화가 진행된 지금, 정보화 때문에 미신이 확대되고 혼란에 빠지게 되었다. 아직도 우리가 풀어야 할 중요한 과제가 남아 있다.

과학자는 이론을 주장한다

이번 장에서는 과학이 우선시되는 이유에 대해 생각해보고, 현대 사회가 신빙성이 높은 이론을 바탕으로 문명을 구축했다는 사실을 알아보았다. 신빙성이 높은 이론은 여러 논문과 학회의 논의에 따라 점차 드러난다. 과학의 탈을 쓴 페이크는 학술적 견해와 대조해보면 대략적인 사실 여부를 판단할 수 있다.

하지만 학술적 지식이 일반 시민에게 항상 정확하게 전달되는 것은 아니다. 첨단과학의 이론은 아직 불명확한 단계에 있다. 논의를 통해 이론이 어느 정도 확실해지면 상품이나 서비스가 개발되고 시민들에게 전달된다. 이런 의미에서 과학과 일반 시민들은 간접적인 관계를 맺고 있다. 일반 시민이 과학과 마주할 때는 이미 과학이 어느 정도 꾸준한 성과를 보인 후이기 때문에 "과학은 언제나 옳다"라고 오해하기 쉽다.

이러한 메커니즘이 무너지는 계기는 새로운 감염병 유행이나 예기치 못한 재난의 발생이다. 감염병의 성질 (감염 경로나 중증화 메커니즘), 백신 혹은 치료제가 불명확 단계에 있어 많은 이론이 병립한다. 통상적으로 이론이 불명확 단계에 있을 때 학회 내에서만 거론되어 시민들에게는 잘 전달되지 않는다.

그러나 사태가 급한 경우, 시민들이 과학자들에게 의견을 구한다. 그러면 과학자들의 견해가 모순되거나, 경우에 따라 철회되기도 한다. 항상 '확실하고 올바른 정보'를 들었던 시민들은 혼란스럽고 배신감마저 느낀다. 만약 이런 상황이 계속된다면 과학자들이 명백한 거짓을 지적해도 시민들은 아무것도 믿을 수 없는 비참한 상황이 일어날 수 있다. 코로나 팬데믹 당시 백신주사에 IC 칩이 박혀 있다는 식의 페이크가 버젓이 횡행한 것이 좋은 사례다.

그렇다면 시민들은 어떤 거짓 정보에 반응해서 다른

사람들에게 전달하는 것일까? 거짓 정보는 과학만큼이나 사람들을 현혹하는 힘을 가지고 있다. 다음 장에서는 사람들이 어떤 정보에 끌리기 쉬운지 이야기해보자. 인간의 잠재적 심리는 과학 이상으로 가짜 뉴스가 횡행하는 원인이 되고 있다(7장).

6장

오해에서 생기는 페이크:

행동선택의 편향

손실을 피하기 위한 선택

2002년 노벨 경제학상은 행동경제학에 큰 기여를 한 인지심리학자 대니얼 카너먼Daniel Kahneman이 수상했다. 전통적인 경제학에서는 수요와 공급의 균형을 통해 인간의 합리적인 판단이 발휘되고, 그에 따라 적절한 가격이 형성된다고 생각했다. 하지만 행동경제학은 인간의 심리가 상당히 직관적이며, 이익이나 손실에 대해 이성적인 판단을 하기도 전에 행동을 결정해 불이익을 겪는 실태를 밝혀냈다.

대니얼 카너먼이 실시한 한 실험을 살펴보자(독자들의 이해를 돕기 위해 일부 표현을 수정했다).[18]

질문 A

당신은 상금 100만 원이 당첨된 순간, 다음 제비뽑기 참가 여부를 결정해야 한다. 다음 제비뽑기에서는 2분의 1의 확률로 100만 원을 더 탈 수 있다. 하지만 당첨되지 않으면 100만 원(당첨되면 200만 원이고, 당첨되지 않으면 그대로 100만 원)이다. 하지만 두 번째 제비뽑기에 참가하지 않으면 추가 상금은 절반인 50만 원을 얻는다(총상금은 150만 원). 당신은 제비뽑기에 참가하겠는가?

질문 B

당신은 상금 200만 원이 당첨된 순간, 다음 제비뽑기에 무조건 참가해야 한다. 다음 제비뽑기에서는 2분의 1의 확률로 100만 원이 상금에서 징수된다(당첨되면 상금은 100만 원이 되고, 당첨되지 않으면 200만 원). 하지만 제비뽑기에 참가하지 않으면, 징수금은 절반인 50만 원으로 감액된다(총상금은 150만 원). 당신은 제비뽑기에 참가하겠는가?

질문 A는 약 80퍼센트의 사람들이 "제비뽑기에 참가하지 않는다"라고 대답하고, 질문 B는 약 70퍼센트의 사람들이 "제비뽑기에 참가한다"라고 대답했다. 나는 일

반적인 대답과 달리 두 번 다 "제비뽑기에 참가한다"라고 했지만, 나도 질문 A에서 조금 망설였다.

질문 A와 질문 B는 결과적으로 총상금은 같아서 참가 여부에 차이가 생기는 것은 조금 이상하지만, 두 질문은 엄연히 다르다. 독자들 중에서도 질문 A와 B에 다른 대답을 하는 사람이 많을 것이다. 만약 조금의 망설임도 없이 참가한다는 대답을 했다면, 당신은 아주 논리적이고 이성적인 사람이다. 주변 사람들에게 위의 두 질문을 해보자(괄호 안의 문장을 제외하고 질문해보면 차이가 더 잘 드러난다). 그런데 같은 내용인데도 판단에 차이가 생기는 원인은 무엇일까? 행동경제학은 이를 '손실회피 심리'에서 비롯된 결과라고 주장한다.

우선 최초로 얻은 상금(A에서는 100만 원, B에서는 200만 원)이 판단의 기점('닻'이라고 한다)이 된다. 인간은 '획득한 것'은 자신의 소유물이며, 타인에게 쉽게 주지 않으려는 경향이 있다(이를 보유효과라고 하며, 행동경제학에 따르면 '획득했다'라고 생각한 물건을 팔 때 비교적 비싼 가격을 매기는 경향이 있다).

그리고 판단 기점에서 금액이 증가하면 "이익이 있다"라고 생각하고, 줄어들면 "손실을 입었다"라고 생각한다. 인간은 손실에 대해 강한 회피 성향을 갖는다. 같은 금액이라도 이익보다 손실에 더 큰 영향을 받는다. 예를 들어 우연히 어떤 책에 끼워놓은 5만 원을 발견한 후 외출을 했는데 5만 원을 잃어버렸다면 어떤 감정이 들까? 본전이라는 생각은 들지 않고, 돈을 잃어버려 손해를 봤다는 생각만 든다. 손실이 예상될 때, 인간은 어떻게든 손실을 막으려는 행동을 취한다. 손실을 줄이기 위해 위험을 감수하는 행동까지 한다. 그 결과, 질문 B에는

"제비뽑기에 참가하겠다"라고 대답하기 쉽다. 한편 어느 정도 이익이 보장되는 질문 A의 경우 군이 위험을 감수하는 행동을 선택하지 않고 안정적으로 이익을 확보하기 위해 "제비뽑기에 참가하지 않는다"라고 대답한다.

떨어지는 주식을 좀처럼 팔지 못하는 초보 투자자들의 심리는 손실회피와 보유효과로 설명된다. 인간은 합리적인 존재가 아니라 감정이나 욕구에 좌우되는 존재이며, 이것이 경제를 비롯해 전반적으로 사회에 큰 영향을 주고 있다. 이번 장에서는 이러한 인간의 심리나 행동 경향이 페이크 확산의 원인임을 밝힌다. 그 단서로 실제 일어난 페이크 확산 사건을 살펴보자.

한창 난폭운전이 사회 문제로 떠오른 몇 년 전, 심각한 악플 사건이 일어났다. 이 일의 배경은 한 운전자가 난폭운전을 한 후, 실제로 폭력을 휘두른 사건에서 비롯되었다. 당시 모습의 일부가 다른 차량의 블랙박스에 녹화되었는데, 중년 남성으로 보이는 난폭운전자가 차량에서 내린 후 피해자를 폭행하는 장면이 담겨 있었다. 더욱 문제가 된 이유는 가해자와 일행으로 추측되는 한 여성이 폭행을 말리지 않고 태연하게 휴대폰으로 폭행

장면을 촬영했기 때문이다. 이 사건의 화살은 젊은 여성
에게로 돌아갔다. 폭력 사건이 보도된 후 그 여성과 비
슷하게 생긴 다른 사람의 신상 정보가 SNS에 유출되었
고 그녀에 관한 수많은 악플이 달렸다. 이 사건은 페이
크가 '정보 폭력'으로 번지는 사태를 여실히 보여주었으
며, 이를 계기로 일본에서는 사실무근인 비방에 대해 법
적 조치가 마련되었다. 처음 SNS에 올라온 사진이 블랙
박스에 담긴 여성과 '비슷한 것 같다'는 단순한 억측이
점점 '저 사람이 맞다'는 확신으로 변하고, 네티즌 수사

대가 그 여성의 이름과 집 주소, 직장까지 파헤쳤다. 때로는 악의가 아닌 정의감에 넘친 행동이 결과적으로 페이크를 생산하고 확산시키기도 한다. 이러한 사태는 페이크 문제를 적나라하게 보여준다.

이번 장에서는 이러한 억측이 확신으로 바뀌는 배경과 오해에서 비롯된 페이크가 만들어지고 확신으로 굳어지는 배경에는 인간의 기본적인 감정이나 욕구가 자리 잡고 있다는 사실을 밝힌다. 그리고 이러한 인간의 행동과 언어는 미디어 문제와 맞물리면서 페이크가 만연하는 사회를 만들어냈다.

생존을 건 도박

우선 인간의 기본적인 감정인 '손실회피' 심리가 어떻게 유래되었는지 생각해보자. 동물들은 척박한 환경 속에서 경쟁하며 살아남았다. 그래서 동물들은 어느 정도 식량이 확보되고 기본적인 생활을 이어나갈 수 있는 환경이 갖춰지면 보수적이게 된다. 손실이 일어나는 상황을 피하고 현재의 생활을 유지한다면 생존할 수 있기 때문이다. 섣불리 생활방식을 바꾸면 오히려 생존에 불리해질 수 있다.

이런 관점에서 생각해보면 어느 정도 문명 생활을 영위하고 있는 인류가 손실을 회피하려는 것은 어쩌면 당연하다. 물론 손실이 불가피한 경우, 적당히 위험을 감수하는 것도 생존 경쟁에서 유리한 전략이다. 손실을 그대로 떠안고 보수적으로 있으면 서서히 망해갈 뿐이다. 생존 경쟁에서 도태되는 것보다는 역전의 한 방을 날리는 것이 생존 가능성을 높인다. 어쩌면 비즈니스 업계에서 헝그리 정신을 중시하는 이유도 우리가 이런 심리를 갖고 있기 때문일지도 모른다. 작은 성공만 거두다 보면 보수적으로 바뀌는 경향이 있다. 이런 보수적인 태도는 버리고 계속해서 도전하면 큰 성공을 이룰 수 있다.

다음으로 앞에서 언급한 '닮은 여성이라는 억측에서 비롯된 사건'의 원인인 정의감에 대해 생각해보자. 사실 정의감의 배경도 '손실회피' 심리에서 비롯되었다. 더욱 자세히 이해하기 위해서는 수렵채집 시대의 협력관계에 대해 알아야 한다. 여러 차례 언급했듯이 수렵채집 시대의 협력 집단에서는 집단의 규칙을 지키는 것이 중요했다. 수확 시기 전에 고구마를 캐먹는 '배신자'는 벌하고 그 버릇을 고쳐야 한다. 집단에서 '배신자'에 대한 분노와 규탄은 정의감이 넘치는 행동 중 하나다. '배신자'가 방치되면 집단의 질서는 흐트러진다. 그래서 집단의 구성원은 손실을 예기하고, 적극적으로 손실회피 행동을 취한다. 비록 개인의 손실이 예상되더라도 굴하지 않고 행동하기 쉽다. 또한 정의감에 용감함이 더해진다. 용감한 행동은 주위를 선동시키며, 집단의 목표가 '배신자 근절'로 바뀌게 된다.

인터넷 악플은 현대판 '마녀사냥'이다. 좁은 의미의 마녀사냥은 중세에 마녀로 의심받은 수많은 사람이 처형된 현상이고, 넓은 의미로는 법적인 절차를 거친 사형死刑이 아닌, 사형私刑에 해당하는 '린치lynch 살인'(법적인 절차를 거치지 않고 가해지는 집단적·폭력적 제재나 사형을 뜻함)이 일어나는 민중현상을 말한다. 나는 중학생 때 사회 개혁에 불타던 사람들이 린치 살인을 저질렀다는 이야기를 듣고 충격을 받은 경험이 있다.

현대 사회는 오해에서 비롯된 사형私刑을 염두에 두

고 사회적 징벌은 객관적 증거를 통해서만 판단하는 사법기관에 맡김으로써 시민의 독자적인 사형 집행을 엄격히 제한한다. 하지만 피해자나 그 가족이 '가해자'에게 분노를 느끼거나 앙심을 품는 것은 어느 정도 당연하며, 개인의 이익을 위한 행동이나 집단의 질서를 도모하려는 심리도 종종 눈에 띈다.

인터넷 악플은 집단의 규칙을 위반한 데서 비롯된 사형死刑으로 파악할 수 있으며, 마녀사냥과 같이 옛날부터 관찰된 보편적인 행동 중 하나라고 볼 수 있다. 행동경제학의 연구 대상이자 인간의 심리에서 비롯된 자연스러운 행동으로 해석할 수 있는 것이다. 하지만 사형死刑을 집행하는 종교 집단이나 연합군과 같은 협력 집단은 일반적으로 굉장히 밀접한 인간관계를 배경으로 하는 반면, 인터넷에서는 이상하게도 밀접한 관계를 맺고 있는 집단은 드물다.

이런 관점에서 생각해보면, 인터넷에 악플을 다는 사람들은 '상상의 협력 집단'을 형성하고 있다는 의견이 높은 설득력을 갖게 된다. 악플 테러를 하는 사람들은 오히려 가까운 집단에서 협력 활동을 하는 경험이 드물어 인터넷상에서 정의감을 표출하고 싶은 것인지도 모른다. 인터넷상에서 '범인 찾기'에 매진함으로써 가공의 협력 집단에서 인정받았다는 '승인 욕구'가 충족되는 착각이 일어나는 것이다.

확률의 오해가 낳는 확신

악플 사건에서 오해가 확신으로 변하게 된 이유는 정의감에 사로잡힌 사람들의 상호작용이다. 그 배경은 인간이 가진 약점에 영향을 받는데, 인간은 확률에 관한 사고가 서툴기 때문에 확률이 낮은 억측이 확률 높은 확신으로 바뀌고 만다. 인지심리학 분야에서 잘 알려진 확률 추정의 오류를 밝히는 문제를 짚어보자.

확률 추정 문제

현재 치명적으로 위험한 감염병이 전 세계적으로 유행하고 있다고 가정하고, 자신이 감염되었을 확률이 1만분의 1이라고 하자. 이때 정확도가 99퍼센트인 검사(검사 결과는 감염되었을 때 양성 판단의 1퍼센트, 감염되지 않았을 때 음성 판단의 1퍼센트 오류 가능성이 있음)에서 '양성' 결과가 나왔다. 이때 여러분이 실제로 감염되었을 확률은 몇 퍼센트인가?

정확도가 높은 검사를 받았으니 감염은 거의 확정이라고 생각되지 않았을까? 하지만 감염 가능성은 아직 1퍼센트 정도에 불과하다.

1만분의 1의 확률로 감염일 때, 그 사람의 양성 판단은 거의 맞다(99퍼센트 정확하다). 하지만 1만분의 9,999의 사태가 일어나 실수로 양성 판단(가짜 양성)이 나올 1퍼센트의 가능성도 있다. 즉, 100분의 1에 가깝다. 후자의 가능성이 전자의 가능성의 약 100배이므로, 여전히 감염되어 있을 가능성은 아직 약 1퍼센트다(100분의 1밖에 틀리지 않는 검사이므로, 1만분의 1의 확률에 100분의 1을 곱해 1퍼센트가 되었다고 어림잡아 계산 가능하다). 일반적으로 질병 검사는 검출도를 높이고 있어 가짜 음성보다 가짜 양성이 나오기 쉽다. 따라서 확률이 적은 질병 검사에서 양성이 나오면 만약을 대비해 다른 검사기관에서 재검사를 받아보는 것이 좋다.

그렇다면 감염병 검사와 인터넷 악성 댓글 사건의 유사성은 무엇일까? 악성 댓글 사건은 SNS에서 동승자인 여성과 닮은 사람의 사진이 발견되었고, 인터넷상에서 사진 속 여성이 해당 여성이라고 단정 지었다. 이런 억측이 기정사실화되었다는 점을 생각해보면, 아마 두 사람의 외모는 꽤 닮았을 것이다. 실제 헷갈릴 정도로 닮은 사람이 존재할 확률은 굉장히 희박하다. 통상 우리가 교류하는 범위 내에서 헷갈릴 정도로 닮은 사람이 있을 확률은 상당히 낮기 때문에 '닮은 사람'이 아니라 당연히 '본인'이라고 인식한다. 그러나 SNS라는 공간은 가지고 있는 사진수가 엄청나게 많기 때문에 그 안에서 비슷한 사람이 나올 확률이 높다. 그렇게 비슷한 사람의 사진이 '당사자'로 오인될 확률이 훨씬 높아진다.

이처럼 우리는 확률과 판단에 서툴다. 수렵채집 시대는 소집단 안에서 생애를 보냈기 때문에 사람들의 성공과 실패를 통계적으로 분석하는 사고를 익히지 않았다. 그래서 선택지가 여러 개일 경우 성공 확률을 비교해서 생각하기보다 호불호와 같이 직감적으로 판단하려는 경향이 있다. 직감적인 판단이 망설여질 때는 가까운 누군가에게 판단을 맡기고 동조하기도 한다. 하지만 이러한 행위는 문명 사회와는 어울리지 않는다.

또한 판단은 특정 행동과 복합적으로 이루어지는 경우가 많다. 비슷한 사람의 사진이 '당사자'라면 '범인 찾기'에 나서지만 그렇지 않다면 당사자일 확률이 50퍼센트인지, 40퍼센트인지 확률을 세밀하게 계산할 필요가 없다. 오히려 혐의가 남아 있어도 누군가가 '범인 찾기' 행동을 하고 있으면, 거기에 동조함으로써 가능성을 낮춘다.

이때 언어의 특성도 오해를 불러일으키는 데 한몫한다. '닮은 사람이 있다'는 억측에 가까운 근거에서 출발해도, 정보를 받아들이는 쪽이 그 사람이 틀림없다고 생각하면 '그 사람도 한패'라는 식으로 생각하기 십상이다. 이른바 예능 프로그램에서 귀를 막고 단어를 전달하는 '고요 속의 외침'처럼 오답인데도 확신을 갖고 다음 사람에게 전달해버린다. 이때 '비슷한 사람이 있다는 정보는 내가 판단했다'라는 참고사항이 붙으면, 좀 더 정확하게 판단할 수 있지만 그런 참고사항은 거의 없다.

2장에서 인간은 정보 출처에 신경 쓰지 않는다고 언급했지만, 언어 자체가 갖고 있는 특성도 큰 문제다. "그 사람도 한패다"라는 발신은 발신자의 판단에 따른 확신인지, 정보 출처에 따른 확신인지 모호하다. 정보를 전달받은 사람은 확실한 정보인지 추측하는 번거로운 작업보다 정보를 통해 구체적으로 어떤 행동을 취할지, 취하지 않을지를 먼저 판단한다. 그때 정의감이나 사회에 공헌하고 싶은 욕구가 크다면 쉽게 '범인 찾기' 행동에 가담하게 된다. 언어가 모호하다 보니 오히려 전달 내용이 확실해지는 경향이 생긴다.

(칼럼 11) 이민자 중 범죄자가 많다는 환상

오래전부터 이민자가 용의자로 체포되면, 이민자 중에 범죄자가 많다는 잘못된 인식이 생기기 쉽다. 이것은 3장에서 언급한 프로토타입 사고思考에 따른 문제이며, 손실회피 심리도 영향을 준다. 그렇다면 이런 오해의 원인은 무엇일까?

우선 이민자와 예전부터 같은 마을에서 살고 있는 사람들이 있다고 가정하자. 기존 주민의 수는 이민자보다 많다. 만약 옛날부터 마을에 거주하던 주민이 범죄를 저지르면, 우리 마을에는 선량한 이웃도 있고 그렇지 않은 이웃도 있다고 생각한다. 한편 마을에 거주하는 선량한 이민자의 존재를 잘 모른 채 이민자의 범죄 보도를 접하면, 프로토타입 사고가 자극받아 '이민자는 곧 범죄자'라는 인식이 확산된다. 이러한 누명은 이민자뿐만 아니라 우리 사회의 소수자들에게도 씌워진다.

하지만 이와 반대인 '이민자는 선량한 시민'이라는 식의 보도를 접할 기회는 많지 않다. 첫 번째 이유로는 보도의 특성을 들 수 있다. 나쁜 일은 법에 저촉되거나 사회적으로 지탄을 받는 명확한 기준이 있지만, 선한 일은 기준이 다양하고 꼭 보도해야 할 사안인지 기준이 명확하지 않다. 예를 들어 이민자가 운영하는 가게의 점원이 가게 주위를 청소하고 해당 지역에 많은 도움을 준다면 좋은 일을 했다고 생각할 수 있지만 보도할 가치가 있는지는 모호하다. 대체로 보도는 더욱 긴급한 정보를 우선적으로 전달하기 마련이다.

두 번째 이유는 인간의 손실회피 심리와 관련되어 있다. 사람들은 수많은 보도 중 손실회피와 관련된 보도에 주목한다. 언론은 이러한 인간의 심리를 아주 잘 알고 있기 때문에 주목받기 쉬운 사건을 우선적으로 전달한다. 그래서 이민자가 범죄를 저질렀다는 보도를 본 시민들은 대부분의 이민자가 범죄자라고 착각해 이민자를 멀리해야 손실을 피할 수 있다고 생각한다. 이런 현상이 강경 이민정책과 같은 구체적인 사회운동이 시작되면 반이민 정서 동조현상으로 이어져, '이민자=나쁜 사람'이라는 인식이 점차 확산된다. 설령 이민자의 선행이 보도되더라도 구체적인 행동으로 이어지지 않으면, 사람들의 고정관념을 바꾸기 어렵다.

원래 범죄는 그 배경을 정확하게 밝혀야 한다. 특정 이민자가 저지른 범죄의 배경부터 자세히 조사하고, 그가 어떤 이유로 범죄를 저질렀는지 알아봐야 한다. 또 혹시 우리 주변의 이민자들이 어려운 상황을 겪고 있는 것은 아닌지 돌아보고, '나쁜 사람'이라고 생각되는 사람들의 문제가 개인적 특성에서 비롯된 것인지, 우리 사회의 구조적 문제에서 비롯된 것인지 자세히 살펴봐야 한다.

커뮤니케이션이 만드는 가짜

3장에서 언급했듯이 우리는 언어를 통해 소통하고 문명을 쌓아왔지만 언어를 통해 더욱 쉽게 거짓말을 할 수 있게 되었다. 게다가 언어 커뮤니케이션은 사실 전달보다 협력관계 속에서 행동을 부추기는 기능이 높다는 것이 많은 문제를 불러일으킨다.

가령 "저 사람이 범인"이라고 해서 "실제로 저 사람이 범인일 가능성이 80퍼센트 정도 있다"라고 생각하지는 않는다. "나는 저 사람이 범인이라고 확신하니 함께 규탄하자"라고 해석하기 십상이다. 그래서 같은 내용이라도 어조에 따라 듣는 사람이 전달받는 내용은 달라진다. 다음 두 가지 표현을 비교해보자.

어조 A

새로운 치료법으로 환자의 3분의 2를 구할 수 있다.

어조 B

새로운 치료법으로도 환자의 3분의 1은 구할 수 없다.

실제로는 둘 다 같은 내용이지만, 어조 A는 새로운 치료법에 찬성하는 반면, 어조 B는 반대한다는 느낌을 받는다. 이처럼 우리는 화자의 의도에 민감하고, 그 의견에 따를지 따르지 않을지를 판단하려는 경향이 있다. 게다가 우리는 집단 내에 공유된 지식에 민감하고, 집단에 잘 적응하기 위해 지식을 빠르게 익히려는 습성이 있다. 때로는 이러한 습성이 페이크에 이용되기도 한다.

어조 C

몸에 좋은 녹즙을 맛있게 마시는 방법이 있다.

어조 D

녹즙은 몸에 좋아요.

어조 C는 언뜻 듣기에 '맛있게 마시는 방법'을 알려주는 것 같다. 그러나 C의 말에는 '녹즙이 몸에 좋다'라는 전제가 깔려 있다. 그러면 '녹즙이 몸에 좋은 것은 의심의 여지가 없는' 공유 지식이라고 여겨진다. 어조 C에 대고 "녹즙이 몸에 좋은 것은 장담할 수 없다"라고 대답하면, 왠지 의사소통의 규칙을 위반하는 느낌이 든다. 그 결과, 녹즙의 효능을 직접적으로 추천하는 어조 D보다 어조 C를 비판하기 어려워진다. '녹즙이 몸에 좋다'고 설득하고 싶은 사람은 어조 C를 활용해보자.

나는 종종 이런 기술을 쓰는 광고를 발견한다. 인터넷 악성 댓글 사건도 정보가 확산되는 동안 비슷한 인식이 작용되었다. "해당 인물의 주소나 근무처를 알아내자"라는 댓글이 달리는 과정에서 "저 사람이 당사자일까?"라는 의문은 점점 배제된다.

우리는 언어의 전제조건에 조금 더 민감해야 한다. 코로나가 유행하기 시작할 무렵, 한 연구자는 시뮬레이션을 통해 당장 대책을 마련하지 않으면 두 달 뒤 하루에 수천 명의 확진자가 나올 것이라 예측했다. 나는 그 연구자가 최악의 경우를 대비해 이야기한 것이므로 그 안에 어느 정도 대책안도 강구될 것이라 예상하고, 실제로는 연구자가 말한 정도의 감염률이 나타나지 않을 거라 생각했다. 아니나 다를까, 두 달 뒤 확진자 수는 그리 많지 않았다.

하지만 놀랍게도 확진자 수가 별로 늘지 않자 그 연

구자는 '사회의 혼란을 불러일으키는 사람'이라 지탄받았다. 시뮬레이션 예측이란 "전제가 이럴 때, 아마 이렇게 진행될 것이다"라는 참고에 지나지 않는다. 전제조건은 수시로 바뀌기 때문에 시뮬레이션을 통해 항상 미래를 알 수 있는 것은 아니다.

이러한 사례는 일반 시민이 과학자의 의견을 들을 때 내용보다는 결과에 주목하고 있다는 점을 잘 보여준다. 앞 장에서 말했듯이 아직 과학적 식견이 확립되지 않은 상태에서는 과학자들의 의견이 다양하기 마련이다. 내용에 주목하면 어떤 주장이 더 확실한지 어느 정도 예측이 가능하지만, 결과에만 주목하면 모순을 발견하고는 무엇을 믿어야 할지 모르겠다는 불안감에 휩싸인다.

이러한 상황을 예방하려면 예측에 실패한 사람을 사회의 혼란을 야기하는 사람이라고 비방하는 태도는 지양해야 한다. 앞서 언급한 연구자를 비판하는 행동은 일시적으로 사고의 혼란은 잠재울 수 있으나 장기적으로 보면 잘못된 행동이다. 따지고 보면 '무엇을 믿어야 할지 모르겠다'는 생각 자체가 잘못된 것이다. 세상에는 불확실한 일들이 많기 때문에 반신반의하는 상태이더라도 일단 시도하고 도전해봐야 한다. 만약 확신이 생기기 전까지는 행동할 수 없다면, 행동을 위해 불확실한 사실을 확실하다고 믿어버릴 수 있다. 이러한 심리가 페이크를 일으키는 가장 큰 원인이다. 미디어를 통해서 불특정 다수가 커뮤니케이션이 가능한 오늘날, 우선 오해가 생기지 않는 언어 활동의 방법을 찾아내야 한다.

(칼럼 12) 과학기자의 입지는 약하다?

코로나가 유행할 무렵에는 아직 과학적 식견이 견고하지 않았고, 과학자들 사이에서도 의견이 나뉘어 시민들이 혼란을 겪었다. 일반적으로 시민들에게 과학자들의 의견을 정리하고 전달하는 일은 과학기자가 해야 할 일이다. 그러나 과학기자의 입지는 다른 기자들에 비해 약하다.

과학의 탈을 쓴 페이크를 박멸하기 위해 활동하는 고지마 마사미 기자(일본 마이니치신문)는 신문의 꽃은 뭐니 뭐니 해도 정치와 경제 면이라고 말한다. 사회나 연예, 스포

츠 면과 비교해도 과학 분야는 경시되고 있다. 감염병 유행과 같은 재난 상황이 아닌 경우, 과학 관련 기사는 극히 적고 그다지 중요하게 여겨지지도 않는다. 과학기자의 활약이 미미한 이유는 과학 분야에 특종이 없기 때문이다. 일반적으로 기자는 다른 언론사에서 보도하지 않은 사실을 전달했을 때 높이 평가받는다.

그런데 과학 분야는 이미 학회에서 공개적으로 논의하기 때문에 특종이라고 할 만한 것이 없다. 새로 발견한 과학 지식을 발 빠르게 기사화하면 특종이 될 수 있다고 생각할 수도 있지만 현실은 그렇지 않다. 새로운 과학 지식은 확정될 때까지 수많은 실험이 거듭된다. 만약 먼저 기사화했는데 나중에 실험을 통해 오류가 발견되면 '오보'로 낙인찍힌다. 그래서 대부분의 과학 기사는 "올해의 노벨상을 ○○ 씨가 수상했다"와 같은 상투적인 내용뿐이다. 이래서는 '과학 지식을 일목요연하게 정리하고 시민들에게 전달'하는 기술이 늘기가 어렵다.

기존 언론사가 매출 부진으로 많은 기자를 고용할 수 없게 된 지금, 과학계와 시민을 연결하는 역할을 누가, 어떤 형태로 이어나갈지 생각할 필요가 있다. 과학 커뮤니케이터 자격증 같은 제도를 마련해 과학 지식을 시민들에게 전달하는 시스템을 만들어보는 것은 어떨까? 대다수의 거짓 정보가 과학과 관련되어 있다. 과학을 올바르게 이해한 시민을 체계적으로 양성한다면 좀 더 효과적으로 페이크를 예방할 수 있다.

미디어가 부추기는 감정

이번 장에서는 정의감에서 비롯한 분노나 손실에 따른 두려움이 불확실한 정보를 확신의 정보로 변화시킨다는 것을 밝혀냈다. 이러한 감정과 행동은 우리 조상이 맞닥뜨린 환경에서 좀 더 효율적으로 살아남기 위해 익힌 심리다. 현대 사회에서 살아가기 위해서는 많은 사람들과의 협력과 소통이 필수다. 이러한 환경에서는 예전에 생존을 위해 익혔던 심리가 방해될 수 있다. 그래서 이성을 통해 문명 사회에 맞게 조절해야 한다.

하지만 분노나 두려움은 이성을 억제하기 쉽다. 원래 뇌와 신체는 공격을 당하거나 목숨을 위협당하는 상황에 부딪히면 싸움에 집중한다. 그래서 일단 복잡한 생각을 하는 이성의 기능은 정지되도록 진화했다. 본디 언론은 사람들이 문명 사회에 맞춰 이성을 적절하게 발휘할 수 있도록 올바른 정보를 제공하는 역할을 맡고 있었다. 언론은 감정적 요소는 최대한 자제해 시민들이 이성을 잘 활용할 수 있도록 도와야 한다.

그러나 현재 미디어는 시민들의 감정을 억제하기는 커녕 감정을 격앙시키는 정보를 많이 발신하고 있다. 현대 사회는 정보가 넘쳐나 감정을 건드리는 정보를 전달하지 않으면 주목받지 못하고, 화제성이 부진하면 경영 측면에서 곤란해지기 때문이다.

신문이나 방송과 같은 기존 언론은 감정을 격앙시키는 정보 발신에 대한 규제가 존재한다. 예를 들어 방송법은 전파의 희소성을 내세워 방송 사업자에게는 사회 질서에 따라 불편부당에 대해 공정한 정보 발신을 요구하고 있다. 한편 통신이나 개인 방송은 언론 자유의 기본 정신에 근거해 검열 금지처럼 은닉성을 지키는 조치가 취해져왔다.

그런데 인터넷과 같은 미디어 기술 발전을 통해 기

존 언론사와 개인 방송 간의 미디어 융합이 이루어졌다. 그러다 보니 통신이나 방송으로 명확하게 분류할 수 없는 중간 서비스가 생겨나게 되었다. 그중 하나가 SNS다. SNS의 경우, 기존 규제를 둘지 아니면 이용자 재량으로 둘지 딜레마가 생기고 있다.

나는 여태껏 이용자의 재량으로 자유롭게 두었기 때문에 조금씩 신중하게 규제를 도입해보는 것은 어떨까 생각한다. 화제성만 목표로 하는 지금의 시장원리에 맡기면 감정을 자극하는 정보 발신이 늘고, 억측은 단언되며, 불확실성은 은폐되고, 필연적으로 페이크가 증가하는 현상이 계속해서 일어나기 때문이다.

인터넷은 사람들이 원하는 정보를 신속하게 제공하지만, 기존에 알지 못한 새로운 정보는 필터에 걸러지고, 자신의 생각을 보충해주는 정보만 제공한다(필터 버블 현상). 인터넷에 자신의 생각을 발신하면, 자신에게 동조해주는 사람들의 의견이 확산되어 돌아오는 '에코 체임버 현상'이 일어나 자신의 생각이 옳다는 확신이 점점 강해진다. 어쩌면 요즘 문제가 되고 있는 '단절 사회'가 현실화되는 것도 당연하다.

나는 이러한 문제를 해결하기 위해 신뢰성은 낮지만 발신이 자유로운 서비스와 발신 내용에 규제는 있지만 신뢰성이 높은 서비스를 나눠 각각 따로 운영하는 것도 하나의 대안이라고 생각한다. 예를 들어 스포츠 신문의 예능 면은 오락성은 높지만 신뢰성은 낮다. 반면 신문의 1면은 오락성은 낮지만 신뢰성은 높다. 독자들은 정보를 얻는 매체에 따라 활용하는 자세를 바꾼다. 정보를 얻을 때 어느 신문을 읽느냐에 따라 어느 정도 신뢰하느냐와 마찬가지로 SNS를 이용할 때도 다양한 서비스에서 용도에 따라 선택할 수 있도록 하는 편이 좋다.

정정되지 않는 오해

이번 장에서는 오해에서 비롯되는 페이크에 초점을 두고 살펴보았다. 원래 커뮤니케이션은 협력관계 안에서 성립되며, 거기서 교환되는 언어는 모호하기 때문에 오해가 생길 여지가 많다. 수렵채집 시대의 소집단이라면 오해가 있더라도 후에 상대방의 행동을 관찰하면 오해를 금방 알아차릴 수 있었고 비교적 정정하기도 쉬웠다.

그러나 현대 사회는 다르다. 얼마든지 낯선 사람과 커뮤니케이션이 가능하다. 새로운 아이디어나 정보는 낯선 사람과의 대화를 통해서 얻을 수 있고, 다양한 사람과의 커뮤니케이션이 장려된다.

낯선 사람들과의 소통은 협력관계에 있는 사람들보다 많은 오해가 생긴다. 그러나 오해가 정정될 기회는 그리 많지 않다. 문자 데이터를 시간차로 주고받는 대화라면 실제 대화에 비해 더욱더 오해가 생기기 쉽다. 얼마 전까지 낯선 사람과의 커뮤니케이션은 꺼려지기 일쑤였다. 수렵채집 시대에 낯선 사람은 적이었기 때문에 아직까지도 그런 심리가 존재한다. 낯가림을 넘어 긴밀한 대화를 하려면 처음에 상호신뢰를 형성해야 한다. 상대방이 거짓말을 하거나 자신을 속일 의도가 없다고 느껴져야 본격적인 대화가 시작된다.

신뢰 형성 단계를 건너뛴 커뮤니케이션에서는 무슨 일이 일어날까? 오해가 생겨도 정정되지 않고 그대로 쌓이게 된다. 어쩌면 이러한 환경에서 페이크는 필연이 아닐까? 우리는 이 상황을 어렴풋이 예상하고 커뮤니케이션을 제한한 것일지도 모른다. 위와 같은 오해의 원인은 협력 집단을 위한 소통의 형태가 낯선 사람으로까지 확대되어서다. 하지만 아직은 이러한 오해를 해결할 수 있는 단계다. 앞으로는 사람들의 심리 상태를 고려하면서 커뮤니케이션을 넓혀나가도록 주의하자.

나는 과학계에서 이루어지는 방식이 커뮤니케이션 확대에 도움된다고 생각한다. 다음 장에서 커뮤니케이션을 위해서는 사람들의 부족의식과 조율이 왜 필요한지 구체적으로 알아보자. 특히 한국과 일본의 문화가 걸림돌이 되는 부분이 있기 때문에 더욱더 많은 연구가 필요하다.

7장

결속을 높이는 페이크:
부족의식의 양면성

사람의 마음을 사로잡는 이야기

1999년은 나에게 잊을 수 없는 기억을 안겨주었다. 지금 재직 중인 대학에 부임한 지 3년 정도 지날 즈음이라 어느 정도 긴 시간의 강의에도 익숙해 모든 것이 순조로웠다. 하지만 그해 학생들의 분위기는 전체적으로 뭔가 이상했다. 1999년은 노스트라다무스의 대예언에 따르면 '지구 멸망의 해'였기 때문이다. 노스트라다무스의 대예언이란 16세기 프랑스에서 쓰인 예언시를 가리킨다. 시의 내용 중에는 "1999년 7월에 대재해가 일어난다"라고 해석할 수 있는 부분이 있는데, 이것이 1970년대 일본에 소개되면서 큰 화제가 되었다. 1999년은 바로 대예언을 '검증하는 해'였다.

당시 나는 과학적 방법론을 설명하는 수업에 이 예언을 예로 삼아 강의했다. 역사적인 사건이나 재해가 일어

난 후, "이것을 예언한 시는 없을까?" 하고 과거의 자료들을 뒤진 다음 해석하기 때문에 예언이 발견된다. 이것은 이른바 '사후 과잉 확신편향Hindsight bias'으로, 예언은 과학적 검증을 거치지 않는다. 사후 과잉 확신편향 때문에 믿었던 '예언 내용'을 근거 삼아 미래를 예측해 봐도 정확도는 극히 낮다. 하지만 아무리 수업에서 열심히 설명해도 학생들은 귀 기울여 듣지 않았다.

나는 "학생들에게 노스트라다무스의 대예언을 믿는 사람이 있습니까?" 하고 물어봤다. 많은 학생이 쭈뼛거리는 가운데 조심스레 손을 드는 한 학생이 있었다. 그 학생은 "주변에서 많이 이야기하는 데다 노스트라다무스의 예언이 완전히 틀렸다고 단언하기도 어렵습니다"라며 불안한 표정으로 대답했다. 나는 "지금 이 불안한 마음을 잊지 말고, 7월 이후에 다시 예언에 대해 생각해봅시다"라고 말했고, 시간은 아무 일 없다는 듯이 평화롭게 흘러갔다. 그사이 많은 학생이 예언을 잊어버렸지만, 불안한 마음을 기억하고 있던 학생들은 불안한 마음이 사회를 움직일 수 있다는 사실을 인식했다.

실제 이러한 불안감은 사이비 종교에 이용된다. 곧 지구가 멸망한다는 이른바 '종말 예언'이다. 비록 예언의 정확도가 1퍼센트 미만일지라도 예언이 옳을 경우에 손실이 막대하기 때문에 우리는 손실회피 행동을 취하기 쉽다. "우리 교의 신자만이 살아남는다!"라고 하면 "일단 믿어보자"라는 신앙심이 생겨난다.

게다가 신앙심이 깊어지면 예언대로 세상이 멸망하지 않더라도 "우리의 기도 덕분에 이번에는 지구 멸망을 피할 수 있었다"라며 종말을 연기한다. 그중 신자들 스스로 독약을 먹게 함으로써 자작극으로 '종말'을 만들어낸 교단도 있었다. 대표적인 예가 바로 1978년 남미의 가이아나에서 일어난 사이비 종교 사건이다. 당시 목사였던 짐 존슨은 미국 정부가 자신의 종교 집단에 대한 수사를 시작하자 인민사원에서 900명이 넘는 신도들을 집단으로 자살하게 만들었다.

이번 장에서는 이러한 집단적 신념에서 비롯된 페이크의 실태에 대해 알아보자. 정보 네트워크가 발전하면 세상의 진실이 밝혀질 것이라는 기대와 달리 인터넷에서는 많은 음모론이 확산되고 있다.

2011년에 발생한 동일본 대지진은 기묘한 지진 파형이 기록되고 진원도 얕아, 이것을 인공지진이라고 주장하는 사람들이 나타났다. 그들의 주장에 따르면 인공지진 연구는 이미 오래전부터 진행되었으며, 해저에 구멍을 파는 탐사선이 비밀리에 실험을 진행했다고 한다. 만약 이 주장이 사실이라면 인공지진을 무기로 활용해 재해를 일으키는 짓은 위험하고, 희생자들의 억울함을 풀어주기 위해서라도 반드시 대응해야 한다.

ASIOS(초자연 현상의 회의적 조사를 위한 모임)의 대표인 혼조우 다쓰야는 "인공지진설은 수백만 명이 아는 유명

한 음모론일 뿐이다"라고 말한다. 그의 분석에 따르면 과거에는 없었던 초거대 지진이 '기묘한 지진 파형'을 보이는 것은 충분히 현실성 있는 이야기이며, 진원의 깊이도 과거에 일어난 거대 지진과 비슷한 수준일 뿐이다. 그는 인공지진 연구는 지질조사를 목적으로 진행되었으며 '지진 무기'와는 무관하다고 인공지진설을 조목조목 반박한다. 나는 과학자이고 지진에 대해서도 어느 정도 연구했기 때문에 혼조우의 분석이 타당하다고 생각한다.

그러나 이런 기본 지식이 없으면 "ASIOS라는 단체도 지진 무기 개발자들과 한통속이다"라는 터무니없는 가설을 세우고, 인공지진설을 계속해서 믿게 된다. 이러한 믿음의 배경은 4장에서 언급한 자기효능감과 관련되어 있다. 인류는 큰 재해 앞에서 아무것도 할 수 없다. 하지만 인공지진설을 믿는 사람들은 이 재해가 지진 무기에서 비롯된 음모라고 간주하고 그 세력을 소탕함으로써 훗날의 재해를 방지할 수 있다고 믿는다. 이는 상상 속에서 자연재해를 해결하려는 미숙한 생각이다.

이번 장에서는 음모론의 신봉, 특히 정보 네트워크의 보급으로 이러한 믿음이 더욱 견고해져가는 실태를 파악해본다.

거짓말을 활용하는 사회의 등장

종교를 포함해 세간을 흔든 큰 거짓말은 일일이 열거하기 어려울 정도로 많다. 특정 커뮤니티 내에서는 당연하게 여겨진 이야기가 해당 커뮤니티를 벗어나면 자신이 왜 그 이야기를 믿었는지 이해할 수 없을 정도로 뜬금없는 소리였다는 것을 깨닫는 때가 있다. 좋은 예로 종말의 날이 있다. 종말의 날을 기점으로 우리의 심리 상태를 비교해보자.

진화심리학의 원리에 대입해보면 이렇게 큰 거짓말을 믿는 이유는 생물이 진화하는 데 이점이 있기 때문이다. 앞서 여러 번 언급했듯이, 수렵채집 시대의 협력 집단은 거짓말을 할 필요가 없었다. 오히려 거짓말은 협력 관계를 해쳐 집단의 손해가 되고, 100명 정도의 소규모 집단에서는 금방 들통 난다. 거짓말을 계속하다 배신자로 낙인찍히면 집단에서 쫓겨나 생존하기 어려워진다. 그 결과, 원칙적으로 집단에서 살아남는 사람들은 거짓말을 하지 않는 유형과 주변 사람들의 주장을 믿는 유형만 남게 되었다.

하지만 그런 사회 속에서도 집단의 결속을 높이기 위해 큰 거짓말은 존재했다. 큰 거짓말은 집단의 규율을 유지하거나 작은 거짓말이 만연하게 만들어 집단에 불이익이 생기지 않도록 이용되었다. 특히 농경 사회가 시작되면서 인구가 급증한 곳이 나타났고, 큰 거짓말은 큰 효과를 발휘했다. 집단 구성원의 수가 갑작스레 늘어나면 상호감시가 소홀해져 '배신자'를 찾기 어려워진다. 그렇게 인간 사회는 '거짓말 없는 사회'에서 '거짓말 활용 사회'로 변화했다.

심리학자 제시 베링Jesse Bering[19]은 거짓말의 활용 경위를 규명하는 실험을 실시했다. 이 실험은 아이들에게 과녁 맞히기 놀이를 중심으로 진행된다. 규칙은 과녁에서 꽤 떨어진 곳에 그어진 선을 넘지 않고, 평소에 쓰는 손이 아닌 반대 손을 이용해 공을 뒤로 던진다. 한 명씩 아무도 보지 않는 곳에서 실험을 진행했더니 재미있는 상황이 벌어졌다.

얼마 안 가 아이들은 규칙을 지키면 과녁을 맞히기 어렵다는 것을 눈치챈다. 그 후 선을 넘고 가까이 가서 던지거나 평소에 쓰던 손으로 던져보는 등 규칙을 어긴다. 그중에는 공을 아예 던지지 않고 과녁 한가운데에 붙인 후 과녁에 맞혔다고 시치미를 뚝 떼는 아이도 있었다. 이 실험을 통해 모험심이 많은 아이일수록 작은 거짓말을 많이 한다는 사실을 알게 되었다.

베링의 추가 실험은 더욱 흥미로웠다. 추가 실험에서

보이지 않는 앨리스 공주가
앉아 있다…….

는 아이들에게 미리 '앨리스 공주'라는 눈에 보이지 않는 요정이 방 한쪽 구석 의자에 앉아 있다는 이야기를 들려준다. 물론 처음에 아이들은 거짓말이라는 반응을 보인다. 하지만 실험이 진행되자 아이들은 저마다 의자를 여러 번 쳐다보거나 의자 위를 쓰다듬고, 규칙을 지키면서 과녁을 맞히기를 시도했다.

베링의 이 실험은 허구의 이야기가 집단 구성원의 행동을 방향 짓는다는 사실을 규명했다. 베링은 이 실험으로 큰 성과를 올렸다. 이 밖에도 상자에 돈을 넣고 자유롭게 과자를 가져가는 사회심리학 실험에서 사람의 얼굴 사진을 붙여놓기만 해도 돈을 지불하는 사람이 많아진다는 것이 밝혀졌다.

집단의 규모가 커지면 규칙을 잘 지키는 사람들로만 유지되기는 어렵기 때문에 배신자가 나타나기 마련이다. 그러나 인간은 요정이나 얼굴 사진, 구호 등 상징적인 표현을 통해 집단의 규칙을 지키려는 심리를 기본적으로 가지고 있다. 이 심리 덕분에 문명의 발전과 함께 집단도 규모도 확대해나갈 수 있었다.

이런 성향은 큰 협력 집단을 유지하려는 부족의식에서 나온 것이다. 예를 들어 "우리는 부엉이 부족이다"라는 슬로건을 내걸면 집단 구성원들은 부엉이 정령이 자신들을 지켜준다는 기분이 든다. 그 결과, 모두가 부족의 규칙을 지키고 결속을 높이며 집단을 위해 일해야겠다는 의식이 높아진다(이를 토테미즘이라 한다). 이 부족의식은 큰 집단의 협력을 이끌어내고 문명의 발전을 뒷받침한 의의가 있는 한편 부족 간의 대립을 초래하는 문제로도 이어진다.

외부의 적은 일체감 상승의 비결

우리는 유니폼을 입음으로써 소속 집단의 규칙을 지키게 된다. 또한 함께 환호성을 지르며 응원하면서 일체감이 높아지는 현상을 경험한다. 프로야구나 프로축구에서 자신의 팀을 응원하러 경기장에 가면 자연스럽게 이런 유대감의 심리구조를 깨닫는다. 같은 팀의 일원으로서 공동의 목표를 이루려는 마음은 부족의식의 결과라고 봐도 좋다. 부족의식이 자극되면 소속 집단의 이익을 목표로 한 협력이 증진된다. 경기장에서 느낀 기분을 곱씹어보면 알겠지만 부족의식은 대결 상대가 존재할 때 더욱 강해진다. 적이 있으면 단결력이 높아지면서 적을 물리치고자 하는 마음이 불끈 솟아난다.

이 적개심은 정치에서 자주 이용된다. 국내에서 의견이 분분하고 분쟁이 끊이지 않을 때, 적의 공격이 있으면 국민들은 의견 대립을 미루고 똘똘 뭉쳐 적에 맞서는 경향이 있다. 내부 항쟁을 계속하다가는 적에게 지기 때문에 살아남기 위해 생기는 아주 기본적인 심리다.

한편 역사적으로 '외부의 적'을 만들어 정치의 안정

을 도모하는 프로파간다와 가짜 뉴스는 계속해서 존재했다. 외부에서 공격해오는 적을 연상시키는 정보를 발견하면 정치적 안정을 도모하려는 가짜 뉴스가 아닌지 의심해볼 필요가 있다.

그렇다고 해서 낯선 사람들로 구성된 집단을 하나로 묶기는 어렵다. 종교나 부족의식, '외부의 적'에 의지하고 싶은 마음도 이해는 되지만, 실제로 더 큰 문제가 되는 것은 집단을 결속하거나 나누기 위해 이루어지는 집단의 계층화다.

앞서 말했듯이 원숭이 집단은 지배와 복종이라는 계층관계로 이루어진 경우가 많다. 그곳에서는 지위가 낮은 개체가 지위가 높은 개체의 지시를 따른다. 지위가 낮은 개체는 감히 집단을 배신할 수 없도록 통제받는다. 반면 사람의 경우, 수렵채집 시대에 이르러 당시 생활양식에 맞춰 식량을 나누는 등 계층관계가 아닌 평등한 관계를 이루도록 바뀌었다.

그런데 문명 시대가 되면서 집단이 확대되자, 배신 방지 효과가 제대로 나지 않고 다시 원숭이 집단처럼 계층관계를 도입하는 경향이 강해졌다. 특히 대체로 전제

군주제 국가에서 리더를 중심으로 한 피라미드형 계층 사회가 나타난다. 또한 부조리를 비판하는 집단은 배신으로 간주되어 억압의 대상이 되기 십상이다.

민주주의 체제라면 그에 상응하는 언론의 자유가 보장되어야 한다. 그러나 요즘은 국가에 대한 배신이라는 전제국가에서나 나타날 법한 언론 공격이 심심치 않게 이루어지고 있다. 가짜 뉴스와의 전쟁 그 이면에는 진정한 민주주의를 둘러싼 공방이 숨어 있다.

전제국가의 가장 큰 약점은 협력에서 나오는 창의성을 상실한다는 점이다. 어디에서 누군가 '배신'하고 있는지 모르는 사회는 우리가 본래 가지고 있는 협력하는 자세가 소극적으로 변해버린다. 의심이 계속 또 다른 의심을 낳는 심리 상태에서는 그저 전통적인 규칙을 따르기만 하는 생활이 계속된다. 그러면 변화해나가는 현대사회에 적응하기는 더 어려워진다. 그렇다면 오히려 엄격하게 감시받는 기존 미디어보다 약간의 페이크가 존재하는 새로운 정보 미디어를 시민들의 활력을 불어넣는 매개체로서 어느 정도 허용하는 것은 어떨까?

(칼럼 13) 애정 호르몬이 차별을 만든다?

애정 호르몬으로 주목받고 있는 옥시토신은 출산 직후에 특히 많이 분비되어 엄마가 아기를 지키는 행동을 하도록 만든다. 아빠의 경우, 아기를 낳은 배우자를 보면 체내 옥시토신의 작용이 활발해져 배우자와 자녀를 보호하려는 행동으로 이어진다.

일본의 밭쥐 연구에서 산에 사는 종은 난혼 경향인 반면 평지에 사는 종은 일부일처제인 경향이 나타났다. 연구자들은 이러한 차이의 요인으로 산에 사는 종보다 평지에 사는 종이 옥시토신의 작용이 활발하다는 점에 주목하고 있다.

옥시토신은 스프레이식 약제로 개발되어 의학 연구에 쓰이는데, 한 실험에서는 코에 옥시토신을 뿌려 인간의 행동 변화를 살펴보았다. 실험에 따르면 옥시토신 흡입은 배우자에 대한 애정은 높이는 반면 다른 이성은 거부하게 하는 경향이 있다. 옥시토신이 인간의 일부일처제 경향을 유발하고 있다는 사실이 밝혀진 것이다.

따지고 보면 애정이란, 애정의 대상을 유난히 아끼는

것이므로 그 대상을 괴롭히는 적을 배척하는 심리와 연계되는 것은 당연하다. 협력하는 원숭이로 진화해온 인류가 동료에 대한 이웃 사랑을 키워왔다면, 동시에 그 동료를 조롱하는 외부의 적에 대한 적개심도 높여왔을 것이다. 동료와 적을 차별하는 부족의식은 애정에서 비롯된 인류의 근원적 심리특성이다.

부족의식은 같은 곳에 살거나, 같은 언어를 쓰거나, 같은 음식을 좋아한다 등의 단순한 동질감에서 비롯되는 감정이다. 이런 동질감은 집단 구성원들을 하나로 묶어주는 중요한 원동력으로 작용하는 반면, 이를 거스르는 사람을 배제하는 의식과 연관되어 있기 때문에 자연스럽게 차별로 이어지기 십상이다.

따라서 우리는 이와 같은 부족의식의 양면성을 인식하고, 경우에 따라 적절히 조절할 수 있도록 이성을 잘 발휘해야 한다. 최근 중시되고 있는 '다양성을 인정하는 사회'를 구축하려면 먼저 우리가 가지고 있는 부족의식을 돌아볼 필요가 있다.

여러 집단 소속에 따른 갈등

현대 사회에서는 개인에 대한 집단의 의미가 크게 변화하고 있다. 이제 수렵채집 시대와 같은 일련탁생의 협력집단은 존재하지 않으며 부족의식으로 뭉치는 대규모 집단도 사라지고 있다. 한 개인은 일생 동안 가정이나 학교, 직장, 지역, 동아리 등 여러 집단에 속해서 생활하기 마련이다.

그런데 우리의 심리구조는 여전히 예전 그대로다. 소속 집단에서 인정받아 승인 욕구를 충족시키고, 소속 집단에 공헌함으로써 성취감을 얻고자 한다. 그래서 기업이나 조합과 같은 단체들은 소속 구성원들의 유대감을 자극하고, 집단이탈을 방지하기 위해 우리의 심리를 이용한다. 아늑한 '거처'를 제공하고 더 나아가 단체의 이념이나 슬로건을 내건다. 때로는 단체의 존속 위기를 부추겨 결속을 도모하기도 한다. 위기가 없는 단계에서 '장래의 위기'를 부추기는 행위는 페이크로 보여도 어쩔 수 없다.

슬로건으로 구성원을 단결시키는 단체는 봉건적인

분위기가 되기 쉽다. 단체의 대표는 아랫사람들에게 의견을 전달하지만, 아랫사람들은 윗사람들에게 자신의 의견을 전하지 않는 경향을 보인다. 바로 원숭이 계층관계의 부활이다. 예를 들어 축구단 유니폼을 자진해서 입는 학생들이 교복은 입고 싶어 하지 않는 배경에는 학교의 봉건적 분위기에 대한 반항심이 자리 잡고 있다.

현대 사회에서 집단의 구심력은 급속히 저하되고 있다. 이제 단순한 구호로는 집단에 대한 충성심을 유지할 수 없다. 소속 집단이 바뀌기 쉬운 오늘날 개인은 전통적인 심리구조와 타협해야 한다. 주위의 승인을 받아 성취감을 느끼면서도, 그것을 고집하지 않고 변화하는 환경에 맞춰 새로운 집단을 요구하는 자세가 중시된다.

또 여러 집단에 소속하게 되면, 언제 어디서나 변함없는 '진짜 자신'을 고집할 수는 없다. 평일에 책상에 앉아 서류 작업을 하던 경리사원이 주말에는 아이들을 훈련시키는 트레이너가 된다면, 어느 쪽이 '진짜 자신'일까? 아마 두 모습 다 '진짜 자신'일 것이다.

'진짜 자신'이란 수렵채집 시대에 존재했던 협력 집단의 이상理想이다. 아무것도 꾸미지 않고, 있는 그대로의 자신을 인정받고 싶은 욕구의 표현이다. 그러나 현대에는 긴밀한 협력 집단은 사라지고, 관계가 한정된 집단이 존재한다. 이러한 환경에서는 오히려 집단마다 다른 역할을 하는 것이 자아실현으로 이어진다. 자신을 유연하게 연출할 수 있는 사람이야말로 현대의 문명 환경에 잘 적응한다.

직장과 동아리에서 행동과 주장이 달라지는 것은 당연하다. 직장과 동아리에서 얻은 정보를 자신의 SNS에서 공개한다면 모순이 보일 것이다. 하지만 이것은 상황에 따라 자신을 바꾸는 '유연한 자기 개시開示'다.

이러한 환경 속에서 누군가가 동아리에서 한 발언이 직장에 알려지며 "사실 이런 사람이었다"라고 취급된다면, 페이크 피해에 상응하는 '누명'이다. 소속 집단마다 특정 발언과 관련된 특별한 배경이 있다. 그 문맥에서 벗어나 다른 집단의 구성원이 해당 발언을 비판하는 행위는 '진짜 자신'이 존재한다는 발상에 집착한 어리석은 행동이다. 현대 사회에 사는 우리는 가면 뒤에 자신을 숨기거나 자신의 역할을 바꿔가면서 다양한 집단에 적응하고 있다. 하지만 '진짜 자신의 존재'를 전제로 한 페이크와도 같은 폭로 때문에 '유연한 자기 개시'가 소극적이게 되는 것은 대단히 유감스러운 일이다.

집단 중심의 일본 사회

세계대전 후 일본은 일본 사회가 미국 사회와 크게 다르다는 것을 인식하게 되었고, 현재까지도 비교 연구를 거듭하고 있다. 이 중 대표적인 예로 나카네 치에中根千枝의 '세로 사회의 일본' 논의와 "일본의 '안심安心 사회'는 미국의 '신뢰信賴 사회'로 바뀌어야 한다"라고 주장한 야마기시 도시오山岸俊男의 논의가 있다. 이러한 논의를 토대로 생각해보면 일본은 수렵채집 시대의 심리구조를 강하게 가지고 있는 '집단 중심' 사회고, 미국은 여러 집단의 소속 상태인 현대 사회에 더욱 잘 적응한 '개인 중심' 사회다.

내가 맡고 있는 수업 중에 그룹 수업이 있다. 그룹 수업에 참여하는 학생들은 새로운 조가 편성되면 자기소개 때 꼭 하는 말이 있다. "저는 2학년 3반 OOO입니다.

현재 동아리에는 들어가지 않았습니다"라는 소개다. 사실 이 말에도 집단 중심 현상이 엿보인다. '3반'은 반 번호를 알려주는 소개인데, 실제 대학에서 학급별 수업은 거의 없기 때문에 자신이 어느 반에 소속되어 있는지 말해도 다른 학생들에게는 큰 의미가 없다. 만약 현재 활동하고 있는 동아리를 소개한다면 관심사를 알 수 있어 자기소개로 적절하지만 동아리에 소속되어 있지 않다는 말은 아무런 도움이 되지 않는다. 오히려 동아리 활동이 보편적인 일본에서 이런 식의 자기소개는 동아리에 소속되지 않은 불안감만 나타낼 뿐이다.

많은 유학생이 이러한 일본인 학생들의 자기소개가 이상하다고 지적한다. 이는 일본인의 정체성이 소속된 집단에 따라 바뀐다는 사실을 잘 보여주는 단적인 사례다. 게다가 일본에서는 취직하면 명함을 나누어주며 소속 단체를 어필하는 경향이 강하다. 이것도 집단 중심 문화의 단적인 예다.

집단 중심의 생활양식은 집단에 소속되어 집단과 이익을 나누는 전략으로 수렵채집 시대 협력 집단의 구도를 답습하고 있다. 이러한 이유로 자기소개부터 집단에서 인정받고 싶은 심리가 나타나고, 자신은 집단에 해를 끼치지 않는 순종적인 사람이라고 강조한다. 또한 명함을 나눠주는 행동을 통해 소속 집단이 형성해온 신뢰를 이용하고, 비즈니스를 유리하게 진행하려 한다.

반면 미국식 자기소개는 자신의 주된 활동과 이상을 소개하고 보여주면서 자신과 가치관이 맞는 사람을 찾는다. 미국 문화의 '라운드테이블'(평등한 입장에서 이루어지는 커뮤니케이션)은 자신의 능력과 지식을 드러냄으로써 상호 협력할 수 있는 관계를 찾고, 유연한 집단을 만들어가는 개인 중심 성향을 잘 보여준다.

일반적으로 일본은 멸사봉공滅私奉公의 집단주의 사회, 미국은 철저한 개인주의 사회로 비치는 경향이 있는데, 이것은 큰 오해다. 양국 모두 개인과 집단을 소중히 여긴다. 다만 중시하는 순서가 다를 뿐이다.

집단 중심의 일본에서는 누구와 타협하면 더 이익이 될지 판단하는 정치적 사고는 기를 수 있지만, 낯선 사람을 어느 정도 신뢰해야 하는지 생각하는 힘은 약해지고 있다(앞에서 언급한 야마기시의 지적). 또한 페이크를 간파하는 능력도 약하다. 일본은 집단의 논리에서 파생된 페이크가 횡행하기 쉬운 사회다. 단적인 예로 일본 기업의 유통기한과 품질검사 조작, 정부 관료의 조사 자료와 회의록 조작이 있다. 집단 중심 사회에서는 공공의 규칙보다 소속 집단의 규칙이 우선시되기 쉽다. 어떤 일을 처리할 때 다소 의심스러운 부분이 있더라도 "전통적으로 이러한 방식을 고수했다"라는 말을 들으면 굳이 바꾸려고 나서지 않는다. 이는 마피아가 조직 내에서 법보다 폭력행위를 정의롭게 느끼는 현상과 비슷하다.

비즈니스 환경처럼 변화가 심한 현대 사회에서 집단 중심과 개인 중심 중 어느 쪽이 유리한지는 쉽게 알 수 있다. 변화에 임기응변으로 대응할 수 있는 개인 중심 쪽이 더 유리하다. 집단 중심의 생각은 과거에 성공한 방식을 고집해 보수적인 성향을 갖게 만들고, 변화에 대응하는 시간을 늦춘다. 하지만 오랜 세월에 걸쳐 꾸준한 기술 개발이 필요한 비즈니스 세계에서는 집단 중심의 태도가 장점이 된다. 단기 성과에 현혹되지 않고 지속적인 기술 개발을 이룰 수 있기 때문이다.

최근 일본과 미국의 차이는 양국의 비교에만 그치지 않고 다른 나라들과 연관 지어 이야기할 수 있게 되었다

(홋카이도대학교 사회생태심리학 연구소의 연구). 인간관계의 유동성[20]이 높은 남북 아메리카나 오세아니아는 미국과 유사하고, 유동성이 낮은 아시아나 아프리카는 일본과 유사하다(유럽은 섞여 있음). 다양한 국적을 가진 사람들이 계속해서 이주하는 신대륙이나 사람의 출입이 빈번한 상업 지역에서는 개인 중심 현상이 나타나는 반면, 인구 밀도가 높고 농업처럼 체계적인 협력이 필요한 산업이 번성하는데 자연재해가 많아 소속 집단의 단결이 필요한 지역에서는 집단 중심 현상이 나타난다.

(칼럼 14) 집단의 특성은 문화적 유래일까, 유전적 유래일까?

인류는 선천적으로 필수 영양소인 염분과 당분, 기름을 아주 좋아한다. 부유한 나라에서는 이 필수 영양소들이 싼 가격에 제공되고 있어 과식과 관련된 병들이 문제가 되고 있다. 필수 영양소의 부족은 생사와 관련되어 있기 때문에 우리는 유전자의 명령에 따라 필수 영양소를 필사적으로 섭취하려고 한다. 실제로 행동은 억제하기 어려워 여러 가지 병의 원인이 된다.

그렇다면 우유는 어떨까? 한국인과 일본인은 우유에 함유된 유당을 분해하는 효소의 활성이 약해 우유를 마시면 소화가 잘 안 되고 설사를 하기 쉽다. 이러한 이유로 일본의 우유 소비량은 크게 늘지 않는다. 반면 유럽의 낙농 지대에서 생활하는 사람들은 태생적으로 유당 분해효소의 활성이 높다. 우유를 마시지 못하면 영양섭취에 큰 영향을 받기 때문에 효소 활성이 높아지도록 진화했다.

낙농이라는 생활양식은 문화의 유래일까, 유전의 유래일까? 우유 소비에 유당 분해효소의 활성이 관련되어 있다면, 효소 활성이 낮은 사람들이 사는 지역에서는 낙농업이 발달하기 어려우므로 낙농업의 발전은 유전의 유래라고 볼 수 있다. 그러나 낙농업이 잘되는 지역에서는 우유를 마실 수 있는 사람들이 생존에 유리해져 효소 활성이 높은 사람들이 늘게 된다. 이렇게 생각하면 낙농업의 발전은 문화의 유래라고 볼 수 있다. 이처럼 생활양식이나 풍습과 같은 집단의 특성은 문화와 유전의 영향을 골

고루 받았다. 문화 요인이 유전에 영향을 주거나 유전 요인이 문화에 영향을 주는 상호관계인 것이다. 유전 요인이 있다면 보급과 관련된 기술적 노력이 중시된다. 우유의 경우, 유당을 분해하기 쉽게 만든 가공유를 개발해 판매하면 된다.

위에서 언급한 바와 같이 일본 문화가 집단 중심이라면, 글로벌 시대에 맞게 개인 중심 사회로 바꿔보자는 논의가 필요하다. 새로운 문화를 교육하고 제도를 개혁하면 바꿀 수 있다. 그러나 일본인이 태생적으로 집단 중심의 유전 요인을 가지고 있을 가능성도 간과해서는 안 된다. 예를 들어 일본인에게 유전적으로 안전한 거처를 찾으려는 충동이 강하다면, 이는 집단 중심 문화의 산물이라고 추측할 수 있다. 이 경우 그 충동을 완화시키는 심리학적·생리학적 방법을 연구해야 한다.

마찬가지로 거짓 정보를 우습게 여기거나 확산시키는 배경에도 유전 요인이 숨어 있을 수 있다. 페이크의 횡행을 방지하는 가장 좋은 방법은 우리가 태생부터 가지고 있는 서툰 사고의 트레이닝일지도 모른다.

음모론을 넘어

이번 장에서는 부족의식을 자극하는 페이크에 대해 논의했다. 우리는 적의 습격을 암시하는 정보에 공포심을 느끼고, 동료가 공격당했다는 정보에 복수심이 끓어오르면 부족의식이 고무된다. 또 정치인이 가짜 뉴스를 만들고 인간의 부족의식이 프로파간다에 이용당할 수 있다는 사실을 항상 염두에 두어야 한다. 감정이 먼저 움직여도 기다려보는 자세를 갖도록 노력하자.

오늘날에는 특히 자유롭게 정보를 발신할 수 있는 미디어 공간에서 페이크 문제가 확대되고 있다. SNS에서는 현실에 존재하지 않는 어둠의 세력을 만들어 가공의 연대감을 증대시키는 음모론이 퍼지기 십상이다. 한편 자유로운 뉴미디어를 통해 기존 미디어에서는 보도되지 않는 사실들을 확인할 수 있다. 그러므로 우리는 그어느 때보다 거짓 정보 구분에 노력을 기울여야 한다.

앞서 언급한 연구에 따르면, 거짓말은 발설하는 순간의 행동을 조사해도 거짓말이라고 밝혀내기 어렵다. 그러나 누가 어떤 장면에서 발언을 했는지, 그 발언으로 누구에게 어떤 이익이나 손실이 예상되는지를 생각해 보면 어느 정도 거짓을 판단할 수 있다. 한편 인터넷에서 가짜 뉴스가 문제시되어도 실제로 간파하기는 어렵다. 인터넷은 누가 어떤 상황에서 해당 발언을 한 것인지 분명히 밝혀지지 않은 채 확산되고, 그사이에 또 꼬리가 붙어 누구에게 어떤 이익 혹은 손실이 갈지 은폐되기 때문이다. 원래 소통은 긴밀하게 협력하는 동료 위주로 이루어졌지만, 현대 사회에서는 준비되지 않은 채 낯선 사람들과 자유롭게 소통이 가능해지면서 위와 같은 문제들이 생기게 되었다.

그러나 문명 사회가 일궈낸 과학의 발전을 보면 희망이 보인다. 인간의 심리와 사회구조를 이론적으로 파악하고 데이터를 토대로 분석하는 과학적 태도를 페이크에 적용하면, 그 배경·상황·증거 등이 드러나 얼마든지 예측할 수 있다. 이 작업은 다소 번거로울 수 있지만 효과가 있을 것이라 기대된다. 현재 페이크 분석 중 가장 대표적인 예는 팩트체크(사실 검증) 사이트다. 팩트체크 사이트는 페이크로 의심되는 정보를 다른 정보와 비교하고, 논리적인 모순을 만들어 페이크를 파헤친다. 아직

은 이러한 사이트가 많지 않기 때문에 "팩트체크 사이트
도 가짜다"라는 비판도 있지만, 페이크 분석을 중시하는
시민들이 점차 늘어나면, 여러 팩트체크 사이트를 통해
페이크는 자연스럽게 간파될 것이다.

더불어 정보 공개도 중요하다. 개방적으로 활동하고,
언제나 비판을 수용하며, 모든 사람과 지식을 공유하려
는 자세는 과학 정신의 핵심이다. 그 덕분에 과학은 실
용적인 성과를 이루어냈다. 이러한 과학 정신을 팩트체
크에도 적극 활용해 모두에게 페이크를 공유하게 되면,
"팩트체크도 어둠의 세력과 한패"라는 식의 음모론을
반박할 수 있다. 집단 중심의 일본은 소속 집단의 이익
을 우선으로 생각해 옛날부터 정보 공개에 소극적인 경
향이 있다. 이를 해결하기 위해서는 정보 공개를 공적인
규칙으로 정해 우선시하는 의식개혁이 필요하다.

페이크 문제를 음미해보면 민주주의의 성립 기반과
이상이 명확해진다. 그러므로 비록 페이크라 할지라도
가치 있는 정보로 생각하고, 진지하게 배경 분석에 임해
야 한다. 또 이 일을 전문적으로 하는 사람들에 대한 사
회적 지원도 잊어서는 안 된다.

8장

페이크에
현명하게 대응하는 법

모든 페이크를 간파하기는 어렵다. 인류는 협력을 통해 문명을 구축했고, 원활한 협력을 위해 우리는 타인을 쉽게 믿도록 진화했다. 페이크는 사람과 사람 사이의 신뢰를 이용한다. 하지만 마냥 비관적으로 생각할 필요는 없다. 페이크 때문에 모든 신뢰관계가 흔들릴 일은 없다. 우리는 이미 페이크를 어느 정도 간파하는 방법과 페이크를 미연에 방지할 대책을 마련했다. 앞으로의 사회는 페이크와 공존하는 법을 찾아낼 것이다.

이 책을 마무리 짓기 전에 지금까지 이야기한 내용을 되짚어보면서 페이크가 생기는 구조와 대응책을 정리해보자.

1장에서는 '겉모습이 만드는 페이크'에 대해 생각해보았다. 사슴의 뿔이나 긴꼬리과부새의 예를 통해 동물들은 외적 이미지를 이용해서 자신의 힘을 뽐낸다고 지적했다. 인간은 동물이자 유일하게 외모를 치장하는 지혜를 가지고 있어 연출에 따른 페이크가 생겨났다. 하지만 연출이 일상이 된 지금, 연출은 하나의 패션이 되어가고 있다. 부정적인 페이크도 속는 사람이 거의 없다면 긍정적인 효과를 낼 수 있다. 그러므로 우리가 '겉모습으로 판단하려는 심리'를 잘 이용하면 페이크를 하나의 오락으로 즐길 수도 있다. 비슷한 예로 우리는 타인과 농담이나 유머를 공유하며 즐거워한다. 페이크는 미움받기 십상이지만, 작은 거짓말을 전제로 하는 농담이나 유머처럼 우리에게 새로움의 대상으로 다가올 수도 있다.

2장에서는 '공감에 호소하는 페이크'에 대해 이야기했다. 수렵채집 시대의 인류는 긴밀한 협력 집단 속에서 살았기 때문에 동료들의 말에 동조함으로써 이익을 얻었다. 수렵채집 시대는 꽤 길었고, 이 시기의 생활습관이 아직도 몸에 배어 있다. 당시는 거짓말을 일삼는 사람이 있어도 금방 집단에서 배척당했기 때문에 거짓말쟁이가 판치는 사회는 아니었다. 하지만 문명의 시대가 열리고 다양한 집단이 존재하게 되면서 동료뿐만 아니라 낯선 사람과도 협력하게 되었다. 그 결과, 인류의 공감능력을 이용한 페이크가 등장했다. 공감은 동료가 아닌 타인에게까지 확장되었고, 이를 악용하는 사람들이 나타났다. 낯선 사람까지도 믿게 되는 심리는 협력을 증진시키는 중요한 역할을 한다. 하지만 이를 악용하는 사람에게 속지 않으려면, 동료가 아닌 사람에게 함부로 공감해서는 안 된다. 또 사회에 악영향을 끼치는 사람을 처벌하는 제도도 필요하다.

3장에서는 '언어가 조장한 페이크'를 다루었다. 오랫동안 긴밀한 협력 집단에서 살아온 우리는 언어를 터득했다. 동료의 말을 믿고 따르면 집단에 이익이 되었기 때문에 자연스럽게 언어가 발달하게 되었다. 언어는 과거와 미래를 상상하게 하고, 일의 효율성을 높여주었지만, 한편으로는 거짓말을 쉽게 할 수 있는 환경도 제공했다. 물론 거짓말 중에 동료를 지키기 위한 하얀 거짓말, 집단의 화합을 도모하는 판타지, 의도를 우회적으로 전달하는 긍정적인 거짓말도 존재한다. 하지만 세월이 흐름에 따라 거짓말을 이용한 페이크가 등장하기에 이르렀다. 거짓말은 인류의 언어 발달과 함께 우리 사회에서 떼려야 뗄 수 없는 존재가 되었다. 우리는 언어의 날카로움과 함축성을 잘 인식하고, 언어에 현혹되지 않는 자세를 가져야 한다.

4장에서는 '자기기만에 둥지를 튼 페이크'에 대해 이야기했다. 우리는 긴밀한 협력 집단에서 살아남으려면 해당 집단에 잘 적응해야 한다. 집단에 잘 적응하기 위한 심리로는 승인 욕구, 자기긍정, 성취감 등이 있다. 이러한 심리구조는 수렵채집 시대에 아주 중요한 역할을 했지만 현대 문명 사회에서는 불협화음을 일으키고 있다. 필요 이상으로 발휘된 심리 때문에 우리는 종종 자기 자신을 위해서가 아니라 주위 사람들에게 인정받고 싶다는 마음으로 살아간다. 그 밖에도 우리는 가공의 스토리를 만들어 자기기만에 이용하기도 한다. 우리가 주변의 평판을 신경 쓰는 행위나 인터넷에서 스스로를 드러내는 행동 전부가 수렵채집 시대에 형성된 심리에서 비롯되었다. 우리는 이러한 점을 인식함으로써 페이크에 속아 넘어가지 않도록 주의해야 한다.

5장에서는 '과학의 신뢰를 이용한 페이크'를 다루었다. 문명 시대에 과학은 장족의 발전을 이루었다. 과학은 경험의 패턴을 체계화하고 미래를 예측하는 데 쓰인다. 인류의 삶은 과학적 지식을 개방적으로 공유하면서 발전되었다. 한편 현대 사회에서는 이러한 과학의 발전을 이용해 이득을 보려는 유사과학이 횡행하고 있다. 이러한 페이크는 이론이나 과학적 방법론을 익히면 쉽게 간파할 수 있다. 물론 일반 시민이 과학적 방법론을 자세히 공부하기는 힘들지만, 몇 가지 요점은 금방 익힐 수 있다. 우선 확증뿐만 아니라 반증도 생각해보자. 그 다음으로는 인과관계를 파악하는 데 신중해지자. 그리고 제품의 효과를 판단할 때는 꼭 비교·분석해보자. 마지막으로 이론은 어디까지나 가설이라고 생각하자. 이러한 요점과 더불어 유사과학을 이용한 악덕 비즈니스의 사회적 배경을 이해한다면 얼마든지 페이크를 간파할 수 있다.

6장에서는 '오해에서 생기는 페이크'에 대해 논의했다. 현대 사회는 정보 미디어의 발달 덕분에 얼마든지 낯선 사람과 커뮤니케이션을 할 수 있게 되었다. 예전의 의사소통은 집단의 협력을 높이는 수단으로 쓰였지만, 현재의 의사소통은 낯선 사람과 파트너십을 기르는 수단으로 확대되었다. 하지만 낯선 사람과의 커뮤니케이션은 상대방의 상황이나 사정을 잘 알 수 없어 오해가 잘 생긴다. 또한 정보가 변경되거나 추가되는 과정에서 거짓 정보가 확대되기도 한다. 오해에서 비롯된 페이크가 확대되는 배경에는 정보 매체를 이용하는 우리의 심리가 있다. 손실회피 심리, 정의감 발휘, 확률 판단의 취약점, 과잉 추정 같은 심리에 주의하면 페이크 확산을 예방할 수 있다. 또 정보 매체도 모든 정보를 개방하지 말고 서비스마다 제한을 두어 다양한 매체를 만들어나감으로써 가짜 뉴스의 횡행을 막아야 한다.

7장에서는 '결속을 높이는 페이크'에 대해 살펴보았다. 문명이 발전하면서 집단의 규모가 커짐에 따라 구성원들 간의 긴밀한 협력이 어려워진 반면, 이러한 환경 속에서 부족의식은 더욱 강조된다. 특정한 상징물이나 슬로건을 통해 집단의 일체감을 높이고 협력을 촉진한다. 우리는 부족의식을 고조시키려는 심리구조를 가지고 있고, 이러한 심리구조는 인류 발전에 지대한 공헌을 한다. 그러나 부족의식은 양날의 칼이다. 일체감을 높여 집단을 결속시킴과 동시에 적에 대한 적대감도 고조시킨다. 정치인들은 부족의식을 키우기 위해 적에 대한 두려움과 복수심을 자극하는 가짜 뉴스를 퍼뜨린다. 인터넷에서는 가공의 연대감을 배경으로 한 음모론이 널리 퍼지게 된다. 하지만 이러한 페이크는 과학적인 방법을 기반으로 한 팩트체크를 통해 대부분 간파할 수 있다. 과학적 방법론을 익힌 시민들이 주도하는 미디어 채널이 많아지면, 페이크가 존재하더라도 그리 큰 문제가 되지 않을 것이다.

이 책을 통해 독자들이 페이크를 생산·확산하는 심리구조와 페이크를 방치하는 사회에 대해 이해했기를 바란다. 페이크 문제의 근원은 인류가 예전부터 가지고 있던 심리구조와 현대의 사회 환경이 불협화음을 일으키고 있다는 점, 그리고 많은 사람이 이러한 사실을 아직 잘 깨닫지 못하고 있다는 점이다. 시민들이 이런 진화심리학의 관점을 인식하고 사회 환경을 개선해나간다면 오늘날 일어나고 있는 많은 페이크 문제가 해결될 것이다. 언젠가 페이크를 농담 삼아 이야기할 수 있는 사회가 찾아오길 바란다.

나는 얼마 전에 인터넷에서 주식투자 피해 관련 기사를
읽었다. 기사는 가짜 전문가의 말을 철석같이 믿고 전
재산을 투자한 개인 투자자의 피해를 보도하는 내용이
었고, 막대한 금전적 피해를 입은 개인 투자자들은 정신
질환은 물론 가정이 파탄 나는 경우도 있었다. 그러나
더 인상 깊었던 것은 후속 기사나 관련 정보가 아닌 다
소 충격적인 내용의 댓글이었다. 거짓 정보로 소위 개미
들을 현혹시킨 가짜 전문가가 아닌 거짓 정보에 속아 넘
어간 개인 투자자들을 비판하는 댓글들. 분명 문제의 원
인은 개인 투자자들의 심리적 불안감을 교묘하게 이용
해 부당 이익을 취한 가짜 전문가들인데 비난의 화살은
오롯이 개인 투자자들에게로 향하고 있었다.

그러나 거짓 정보 때문에 피해를 입는 현상은 근래
의 일이 아니다. 보이스피싱, 거짓 주식정보, 전세사기

등 이름만 다를 뿐 실상은 대동소이하다. 오히려 반복적으로 보도되는 피해 기사는 안타까움을 넘어서 현시대의 혐오감을 부추긴다. 여전히 피해가 거듭되고 있는데도 왜 이런 일들이 되풀이되는 걸까? 거짓 정보를 비판적으로 수용하는 게 가능한 일일까 하는 의구심이 든다. 저자인 이시카와 마사토는 이 책을 통해 타인의 말을 쉽게 믿어버리는 우리의 심리구조를 진화심리학적 관점에서 상세하게 설명한다.

이시카와 마사토 교수는 도쿄 메이지대학교의 학과장과 대학원장을 역임했으며, 현재까지 단독 저서 기준으로 18권의 책을 집필했는데, 그중 두 권은 한국에서, 한 권은 타이완에서 출판되었다. 또한 일본 내 진화심리학, 뇌과학, 초심리학계에서 저명한 인사이며 학생들에게는 사랑과 존경을 한몸에 받는 교수다. 역자 또한 저자의 수업을 통해 인간을 다각도에서 이해할 수 있었고, 페이크 현상에 대해 심층적으로 탐구할 수 있었다. 일례로 마사토 교수는 학생들이 다소 어렵다고 느낄 수 있는 수업 내용을 좀 더 명확하고 알기 쉽게 설명하기 위해 직접 아날로그 발표 자료를 만들어오거나 본인의 댄스 영상을 공개하는 등 수업 시간마다 다양한 방식으로 학생들을 지도하기 위해 열심히 노력했다. 이러한 저자의 섬세함은 문체에도 그대로 담겨 저저의 책들은 일본의 중학교, 고등학교, 대학교의 시험문제로도 활용되고 있다. 이 책은 출간된 지 이제 1년 남짓인데도 이미 열세 곳의 학교에서 입시문제로 채택되었다.

이 책의 한국어판은 저자와 많은 논의를 거쳐 출간되었다. 참고문헌도 한국 독자들의 편의를 위해 일본어 논문뿐만 아니라 영어 원서와 한국에서 출판된 책을 활용해 미주로 소개했다. 또한 '페이크'라는 단어 번역에 심혈을 기울였다. 일본에서는 페이크라는 단어가 거짓말, 가짜 뉴스, 사기, 속임수 등의 다양한 뜻을 아우르는데, 이를 한국어로 번역하는 과정에서 좀 더 세부적으로 의미를 구분 지었다. 물론 페이크라는 단어가 본문에 등장하지 않는 것은 아니다. 본문에 나오는 페이크의 의미는 앞서 말한 거짓말, 가짜 뉴스, 사기, 속임수 등 상대가 속은 모든 상황을 나타낸다.

페이크와 관련된 단어가 많아진다는 것은 그만큼 타인을 속이는 상황이 빈번해지고 있다는 뜻일지도 모른다. 그 방식 또한 점점 교묘해져 이 책을 번역하는 역자조차 거짓 정보에 속지 않을 거라고 장담할 수는 없다. 그러나 이 글을 읽을수록 그 세밀함과 다양함에 이전보다 확실히 시야가 넓어졌다. 이 책은 사회과학의 한 분야를 다루고 있지만 수많은 페이크를 대비하는 실용서로서도 유의미한 책이 될 것이다. 끝으로 좋은 책을 번역할 기회를 주신 여문책 출판사에 감사드린다.

임세라

1. Nina Schick, *Deep Fakes and the Infocalypse: What You Urgently Need To Know*, Monoray, 2020.

2. Robert Trivers, *Social Evolution*, Benjamin-Cummings Publishing, 1985. 붉은 사슴의 디스플레이 행동과 같은 동물의 사회적 행동 연구는 1970년대에 활발히 이루어졌다.

3. Malte Andersson, "Female choice selects for extreme tail length in a widowbird", *Nature* 299, pp. 818~820, 1982.

4. Daryl Bem, "Self-Perception Theory", *Advances in Experimental Social Psychology*, Vol. 6, pp. 1~62, Academic Press, 1972. 대릴 뱀은 미국 코넬대학교 명예교수로 자기지각 이론을 제창한 것으로 유명하며 말년에는 초심리학도 연구했다.

5. Charles F. Bond and Bella M. DePaulo, "Accuracy of Deception Judgments", *Personality and Social Psychology Review*, Vol. 10, pp. 214~234. 2006.

6. 케빈 더튼 지음, 차백만 옮김, 『천재의 두 얼굴, 사이코패스』, 미래의창, 2013.

7. Aldert Vrij, "Detecting Lies and Deceit: Pitfalls and Opportunities", *Wiley-Interscience*, 2008.

8. 로빈 던바 지음, 김정희 옮김, 『던바의 수』, 아르테, 2018.

9. Giacomo Rizzolatti, *Mirrors in the Brain: How Our Minds Share Actions and Emotions*, Oxford University Press, 2008.

10. 폴 블룸 지음, 이은진 옮김, 『공감의 배신』, 시공사, 2019.

11. 프란스 드 발 지음, 장대익·황상익 옮김, 『침팬지 폴리틱스』, 바다출판사, 2018.

12. Michael Corballis, *From Hand to Mouth: The Origins of Language*, Princeton University Press, 2002.

13. Ole Svenson, "Are we all less risky and more skillful than our fellow drivers?", *Acta Psychologica* Vol. 47, pp. 143~148, 1981.

14. 댄 애리얼리 지음, 이경식 옮김, 『거짓말하는 착한 사람들』, 청림출판, 2012.

15. Roy Baumeister, et al. "Exploding the self-esteem myth", *Scientific American*, January, 2005.

16. Peter C. Wason, "On the failure to eliminate hypotheses in a conceptual task", *The Quarterly Journal of Experimental Psychology*, Vol. 12, pp. 129~140, 1960.

17. 호너의 실험: https://www.youtube.com/watch?v=JwwclyVYTkk 참고.

18. Amos Tversky and Daniel Kahneman, "The framing of decisions and the psychology of choice", *Science*, Vol. 211, pp. 453~458, 1981.

19. 제시 베링 지음, 김태희·이윤 옮김, 『종교 본능』, 필로소픽, 2012.

20. Masaki Yuki and Joanna Schug, "Relationship Science: Integrating Evolutionary, Neuroscience, and Sociocultural Approaches", *American Psychological Association*, pp. 137~151, 2012.

우리는 왜 페이크에 속는가?

진화심리학으로 살펴본 거짓 정보의 모든 것

2023년 9월 8일 초판 1쇄 발행

지은이 | 이시카와 마사토
옮긴이 | 임세라
펴낸곳 | 여문책
펴낸이 | 소은주
등록 | 제406-251002014000042호
주소 | (10911) 경기도 파주시 운정역길 116-3, 101동 401호
전화 | (070) 8808-0750
팩스 | (031) 946-0750
전자우편 | yeomoonchaek@gmail.com
페이스북 | www.facebook.com/yeomoonchaek

ISBN 979-11-87700-52-4 (03180)

여문책은 잘 익은 가을벼처럼 속이 알찬 책을 만듭니다.